••• **Títulos relacionados**

HOTR0408 COCINA

[DISPONIBLE CERTIFICADO COMPLETO]

Solicítalos en
- Librería
- www.paraninfo.es
- Solicitudes nacionales +34 914 463 350
- Solicitudes fuera de España +34 913 308 907
                              +34 913 308 919

Cocina creativa o de autor

Víctor Pérez Castaño

© 2025 Ediciones Paraninfo, S. A.
© 2025 Víctor Pérez Castaño

Edición y maquetación: Ediciones Nobel, S. A.

Impresión: Liberdigital (Casarrubuelos, Madrid)
ISBN: 978-84-283-6670-0
Depósito legal: M-1366-2025

Impreso en España

Víctor Pérez Castaño, técnico especialista en cocina y licenciado en Geografía e Historia, es en la actualidad profesor técnico de Formación Profesional en la Escuela de Hostelería del IES Valle de Aller (Asturias).

A lo largo de su carrera ha aportado su experiencia y buen hacer como profesor de cocina en diferentes cursos, jornadas gastronómicas y congresos impartidos dentro y fuera de España. Francia, Brasil, Bélgica e Italia son algunos de los lugares en que ha dejado constancia de su profesionalidad.

En formación continua, Víctor ha querido ahora, en esta obra, plasmar sus conocimientos sobre algunos aspectos de la elaboración culinaria básica.

*A mi esposa por su apoyo
y cariño constantes*

Índice

Introducción normativa

La Ley Orgánica 3/2022, de 31 de marzo, de ordenación e integración de la Formación Profesional, contiene una disposición derogatoria única que afecta a la regulación de los certificados de profesionalidad, ahora denominados **Certificados Profesionales.** La referida normativa deroga la Ley Orgánica 5/2002, de 19 de junio, de las Cualificaciones y de la Formación Profesional, y abre un escenario de cambios que se irán implementando progresivamente.

La Ley Orgánica 3/2022, de 31 de marzo, de ordenación e integración de la Formación Profesional implica que toda la formación es acumulable. La oferta formativa se estructura de forma escalonada, siendo los Certificados Profesionales un nivel intermedio (Grado C) de una escala que va desde el Grado A hasta el E.

En los artículos 35 a 38 de la Ley 3/2022 se describe en qué consisten estos Certificados Profesionales: su oferta, formación asociada, estructura, duración, acceso, titulación y validez. Posteriormente, esta normativa se completa con lo dispuesto en el Real Decreto 659/2023, de 18 de julio, que desarrolla la ordenación del sistema de Formación Profesional. Concretamente en los artículos 67 a 81 es donde se hace referencia a la oferta formativa de Grado C, correspondiente a los Certificados Profesionales.

Están agrupados en 26 familias profesionales con características comunes del sector. En la actualidad hay más de medio millar de Certificados Profesionales incluidos en el Repertorio Nacional. Esta cifra no deja de crecer. Además, cada certificado está específicamente regulado por un real decreto.

Un Certificado Profesional corresponde al Grado C de la oferta del Sistema de Formación Profesional. Es un documento oficial, con validez en todo el territorio nacional y debe constar en el Catálogo Nacional de Ofertas de Formación Profesional, que certifica la capacitación para el desarrollo de una actividad profesional.

Debe detallar los módulos profesionales superados y los estándares de competencia profesional asociados a él e incluidos en el **Catálogo Nacional de Estándares de Competencias Profesionales**, así como su correspondencia con el Marco Español de Cualificaciones.

Despliegan su validez en un doble ámbito, laboral y académico:

- En el contexto laboral tienen validez profesional, porque acreditan las competencias en una determinada profesión. Para poder trabajar en algunas profesiones, se exigen determinadas cualificaciones, y los certificados sirven para acreditarlas.

- Asimismo, tienen validez académica, puesto que permiten continuar un itinerario formativo siempre que se cumplan los requisitos de acceso para cursar la titulación deseada. De tal modo que, los Certificados Profesionales que sean parte de un Grado D permitirán la matrícula modular para completar los módulos establecidos en el currículo y obtener el correspondiente título de técnico básico, técnico o técnico superior con validez en todo el territorio nacional.

Para obtener un Certificado Profesional (Grado C) es preciso cumplir con los requisitos de acceso para realizar la formación.

Estructura de los Certificados Profesionales

I. Identificación: denominación, familia y área profesional a la que pertenecen; nivel de cualificación profesional (1, 2 o 3); cualificación profesional de referencia; entorno profesional y módulos formativos que esté previsto cursar junto con la duración de cada uno de ellos.

II. Perfil profesional: incluye las competencias profesionales requeridas en el mercado laboral. En todas ellas se concretan las realizaciones profesionales y los criterios de realización.

III. Formación: describe los módulos formativos que esté previsto cursar para adquirir las competencias requeridas. En cada uno de ellos se indican las capacidades que se pretende alcanzar y la duración del módulo de prácticas no laborales —PNL—, para el que cabe solicitar exención si se cumplen determinados requisitos.

IV. Prescripciones de las personas formadoras.

V. Requisitos mínimos de espacios, instalaciones y equipamiento.

Los Certificados Profesionales se identifican con una denominación concreta y un código alfanumérico propio, y sirven para acreditar una determinada cualificación profesional. Cada certificado está asociado a una relación de unidades de competencia que, a su vez, se vinculan con una serie de módulos formativos específicos. Algunos módulos están integrados por unidades formativas y tanto unos como otras son, en ocasiones, transversales, lo que significa que se trata de contenidos incluidos en más de un Certificado Profesional.

Los Certificados Profesionales se articulan en tres niveles de competencia profesional (1, 2 y 3) conforme a lo dispuesto en el que será el Catálogo Nacional de Estándares de Competencias Profesionales, anteriormente Catálogo Nacional de Cualificaciones Profesionales (CNCP), según los criterios establecidos de conocimientos, iniciativa, autonomía y complejidad de las tareas, en cada una de las ofertas de Formación Profesional.

La oferta formativa dirigida a la obtención de los Certificados Profesionales tiene carácter modular para favorecer la acreditación parcial acumulable de la formación recibida y posibilitar así el avance en el itinerario de Formación Profesional para cualquiera que sea la situación laboral de cada persona en cada momento.

En definitiva, el Grado C constituye la oferta, parcial y acumulable, del sistema de Formación Profesional, de varios módulos profesionales del catálogo modular de Formación Profesional por razón de su significado en el mercado laboral y conducente a la obtención de un Certificado Profesional.

Las ofertas de Grado C de Formación Profesional tendrán por objeto módulos profesionales incluidos previamente en el catálogo modular de formación profesional y asociados al Catálogo Nacional de Estándares de Competencias Profesionales.

Finalidad de los Certificados Profesionales

- Contribuir a la ordenación de un Sistema de Formación Profesional al servicio de un régimen de formación y acompañamiento profesionales que sea capaz de responder con flexibilidad a los intereses, expectativas y aspiraciones de cualificación profesional de las personas a lo largo de su vida.

- Combinar escuela y empresa situando a la persona en el centro del sistema.

- Facilitar el aprendizaje permanente de toda la ciudadanía mediante una formación abierta, flexible y accesible, estructurada de forma modular, a través de la oferta formativa asociada al certificado.

- Acreditar las cualificaciones profesionales o las unidades de competencia recogidas en estas, independientemente de su vía de adquisición, bien sea través de la vía formativa, o mediante la experiencia laboral o vías no formales de formación.

- Favorecer, tanto a nivel nacional como europeo, la transparencia del mercado de trabajo.

- Contribuir a la calidad de la oferta de Formación Profesional.

Este libro

El presente libro desarrolla la Unidad Formativa denominada *Cocina creativa o de autor,* UF0070.

Dicha unidad formativa está asociada a la Unidad de Competencia UC 0262_2, forma parte del Módulo Formativo MF 0262_2 *Productos Culinarios* perteneciente a la Cualificación Profesional de referencia HOTO93_2, de nivel 2, incluida en el Certificado Profesional denominado *Cocina* dentro de la familia profesional Hostelería y Turismo.

Según el Real Decreto 1376/2008 de 1 de agosto, los contenidos que en esta obra se recogen se corresponden con una duración de 30 horas.

Tanto la estructura como el desarrollo del libro se ajustan al citado real decreto y más concretamente a los contenidos de la unidad formativa que le da título *Cocina creativa o de autor,* UF0070.

Contenido

1. **Cocina moderna, de autor y de mercado**
   - Fuentes de información y bibliografía sobre cocina moderna, de autor y de mercado: identificación, selección, análisis, valoración y utilización
   - Fundamentos. Características generales de estos tipos de cocina
   - Evolución de los movimientos gastronómicos
   - Pioneros franceses y españoles
   - La *nouvelle cuisine* o nueva cocina. Antecedentes
   - Hábitos y tendencias de consumo de elaboraciones culinarias
   - De la nueva cocina o la *nouvelle cuisine* a la cocina actual
   - Utilización de materias primas características de cada zona en cocina creativa
   - Cocina de fusión
   - Cocina creativa o de autor
   - Platos españoles más representativos
   - Su repercusión en la industria hostelera
   - El mercado y sus productos. Nuevos productos introducidos en nuestros mercados en la última década
   - Influencia de otras cocinas

2. Experimentación y evaluación de resultados

- Experimentación de modificaciones en cuanto a las técnicas y procedimientos, instrumentos empleados, forma y corte de los géneros, alternativa de ingredientes, combinación de sabores y formas de acabado
- Justificación y realización de variaciones en la decoración y presentación de elaboraciones culinarias
- Análisis, control y valoración de resultados
- Aplicación de métodos de evaluación del grado de satisfacción de consumidores de nuevas elaboraciones culinarias
- Justificación de ofertas comerciales de los nuevos resultados obtenidos

Nota del editor

En Ediciones Paraninfo estamos comprometidos con la calidad de la formación e intentamos que nuestros materiales, respondan fielmente y con rigor a las necesidades de todos cuantos confían en nuestro sello editorial.

Tratamos de dar respuesta a los currículos de las unidades formativas y de los módulos que integran los distintos Certificados Profesionales, equilibrando la parte teórica con la práctica para que los procesos de aprendizaje se conviertan en experiencias gratificantes tanto para docentes como para las personas inmersas en los procesos formativos.

Contribuir de forma decisiva a afianzar aprendizajes, ayudar a adquirir destrezas que tengan significado para el empleo y conseguir potenciar el desarrollo personal es nuestra mayor satisfacción como editores.

Para lograrlo contamos con excelentes autores, expertos en las materias que abordan, en la mayoría de los casos docentes de dichas especialidades con dilatada experiencia profesional y académica, porque buscamos perfiles familiarizados con los contextos laborales concretos a los que se refieren nuestros manuales.

Confiamos en poder serte de ayuda y esperamos tus impresiones acerca de nuestro trabajo. Sean positivas o negativas, serán muy bien recibidas y, sin duda, nos ayudarán a seguir mejorando y trabajando con ilusión para continuar siendo un referente en formación para el empleo.

Agradecemos tu confianza en nuestros manuales. Todo nuestro equipo queda a tu total disposición. Puedes contactar con nosotros en esta dirección de correo electrónico: info@paraninfo.es.

1. Cocina moderna, de autor y de mercado

Contenido

1.1. Fuentes de información y bibliografía sobre cocina moderna, de autor y de mercado: identificación, selección, análisis, valoración y utilización

Para realizar una buena selección de obras acerca de las últimas tendencias en cocina, es necesario dividir las distintas fuentes de información en función (o como resultado) de los distintos movimientos culinarios sobre los que influyeron; de esta manera podemos establecer una clasificación:

Nouvelle cuisine

Cuisiniers à Roanne. Jean y Pierre Troisgros. Groupe Robert Laffont, 1995.

Cuisine de famille. Pierre y Michel Troisgros. Ed. Flammarion, 1998.

L'almanach des petits mestiers improbables. Michel Guérard y Jean-Paul Plantive. Ginkgo Éditeur, 2004.

L'Encyclopédie du Goût par Christian Teubne, Gault-Millau; Éditions n.º 1, 2002.

La cocina del mercado. Paul Bocuse. Ediciones Destino, 2003.

La cocina esencial. Michel Bras. Éditions du Rouergue, 2008.

La cuisine gourmande. Michel Guérard. Éditions Robert Laffont, 1978.

La cuisine très facile. Recettes pour débutants ou maladroits. Michel Guérard y Jean-Paul Plantive. Ginkgo Éditeur, 2006.

La grande cuisine minceur. Michel Guérard y Alain Coumont. Éditions Robert Laffont 1976.

Les meilleures recettes familiales des Troisgros. Pierre y Michel Troisgros. Ed. Flammarion, 2005.

Les petits plats des Troisgros. Pierre y Michel Troisgros. Groupe Robert Laffont, 1994.

Ma gastronomie. Fernand Point. Gerald Duckworth & Co Ltd, 2009.

Nos recettes préférées à la maison. Gault-Millau. Éditions n.º 1, 1983.

Petit almanach des inventeurs improbables et méconnus. Michel GUÉRARD y Jean-Paul PLANTIVE. Ginkgo Éditeur, 2003.

Petit almanach des plantes improbables et merveilleuses. Michel GUÉRARD y Jean-Paul PLANTIVE. Ginkgo Éditeur, 2005.

Revista-guía Gault & Millau. GAULT-MILLAU.

Nueva cocina vasca y catalana

25 años de la Nueva Cocina Vasca. Mikel CORCUERA, Aizkorri Argitaletxea, SM, 2002.

Akelarre. Pedro SUBIJANA. Everest, 2011.

Arzak: recetas. Juan María ARZAK. Bainet Media, 2004.

Arzak: bocados. Juan María ARZAK. Bainet Media, 2006.

Arzak: secretos. Juan María ARZAK. Bainet Media, 2009.

Asfalto culinario: el laboratorio de Arzak. Juan María ARZAK. Everest, 2005.

El mercado en el plato. Martín BERASATEGUI, David DE JORGE, Andoni Luis ADURIZ y otros. Lur Argitaletxea, 1998.

El mundo culinario de Santi Santamaria. Santi SANTAMARIA. Edicions Cadi, 2002.

Historias del motel. 50 años del Hotel Empordá. Miquel BERGA. Now Books, 2011.

La cocina de Santi Santamaria. Santi SANTAMARIA. Edicions Cadi, 1999.

La cocina es bella. Santi SANTAMARIA. Everest, 2003.

La cocina mediterránea de Carme Ruscalleda. Carme RUSCALLEDA, Salsa Books, 2007.

Las recetas de Arzak. Juan María ARZAK. El País/Santillana 1998.

Nueva cocina catalana. M.ª Elena BISABARROS. Buffet & Ambigú, 2005.

Nueva cocina catalana: de la tradición a la innovación. Tomos 1, 2 y 3, VV. AA. Buffet & Ambigú, 2006.

Cocina de fusión

Cocina Cajún. Anne WILSON. Könemann, 1997.

Chifa: lo mejor de la comida china. Alfonso Javier MONARREZ RÍOS. Editores Lexus, 2006.

Cocina Tex-Mex. Anne WILSON. H. Kliczkowski, 2003.

De Tokio a América. Iwao KOMIYAMA. Ed. Planeta, 2008.

The Balti Cookbook. Shehzad HUSAIN. Lorenz Books-Annes Pub. Ltd., 2010.

Un toque étnico, la cocina fusión. Nicoletta NEGRI. Mondadori, 2004.

Ciencia y cocina

Cacerolas y tubos de ensayo. Hervé THIS. Editorial Acribia, 2005.

El libro del saber culinario. Joaquín PÉREZ CONESA. Alianza Editorial, 2009.

La cocina esencial. James PETERSON. Könemann, 2000.

La cocina es amor, arte, técnica. Hervé THIS y Pierre GAGNAIRE. Editorial Acribia, 2006.

La cocina y los alimentos. Harold McGEE. Editorial Debate, 2007.

Los secretos de los pucheros. Hervé THIS. Editorial Acribia, 1996.

Tratado elemental de cocina. Hervé THIS. Editorial Acribia, 2005.

Cocina de autor

500 años de fusión. Gastón ACURIO. El Comercio de Perú, 2009.

¿Chef yo? Apolinar AMADOR. Editorial Gastromedia, 2010.

Alex Atala. Por uma gastronomia brasileira. Alex ATALA y Joao Gabriel DE LIMA, Ed. BEI, 2003.

cocina de autor. Santiago CHAMORRO. Sesos Creación Visual, 2010.

Cocinar al vacío. Tony BOTELLA. AKAL 2010.

Cocinar en familia. Heston BLUMENTHAL. La Val de Onsera, 2003.

Cómo funciona El Bulli: las ideas, los métodos y la creatividad de Ferran Adrià. Albert ADRIÀ, Juli SOLER y Ferran ADRIÀ. Phaidon Press Limited, 2010.

Dani García: Técnica y contrastes: Tragabuches. Martín BERASATEGUI y Dani GARCÍA. Montagud Editores, 2004.

Diez años de cocina en La Broche. Sergi AROLA. Planeta, 2009.

El Bulli: 1994-1997. Albert ADRIÀ, Juli SOLER y Ferran ADRIÀ. RBA, 2002.

El Bulli: 1998-2002. Albert ADRIÀ, Juli SOLER y Ferran ADRIÀ. RBA, 2003.

El Bulli 2005. Albert ADRIÀ, Juli SOLER y Ferran ADRIÀ. RBA, 2006.

El jamón ibérico en la gastronomía del siglo XXI. VV. AA. Editorial Everest, 2006.

Kursaal Martín Berasategui: una selección de grandes recetas. Martín BERASATEGUI. Imagen MAB, 2005.

La cocina de autor: Secretos y recetas de los mejores artistas de los fogones. Manuel Vázquez Montalbán. Ediciones B, 2002.

La cocina de los postres. Oriol Balaguer Montagud Editores, 2002.

La cocina del Restaurante Guggenheim de Bilbao. Martín Berasategui. Imagen MAB, 2005.

La pasión por los postres. Michel Roux. Editorial Elfos, 2006.

Los aceites de oliva en la gastronomía del siglo XXI. ACADEMIA ESPAÑOLA DE GASTRONOMÍA. Editorial Everest, 2006.

Los aprendices de hechicero: los secretos ocultos de la cocina de El Bulli de Ferran Adrià. Lisa Abend. Planeta, 2011.

Mugaritz. Andoni Luis Aduriz. RBA, 2012.

Natura. Albert Adrià. RBA, 2008.

Paco Torreblanca. Francisco Torreblanca García. Vilbo Ediciones y Publicidad S.L., 2003.

Reinventar la cocina: un viaje incesante por la gastronomía. Colman Andrews. Phaidon Press Limited, 2011.

Salsas. Michel Roux. Editorial Elfos, 2006.

Secretos de los chefs: Técnicas y trucos de 50 estrellas Michelin. Oscar Valles Rodríguez, Alexia Ribera y Susana Ribera. Bon Vivant, 2008.

Grandes chefs de España. Alessandra Meldonesi y Bob Noto. Susaeta, 2013.

Micrococina

A fuego negro: pinchos y viñetas. Edorta Olano, Iñigo Cojo y Amaia García. Editorial Everest, 2006.

Cocina para cóctel. Tony Botella. Montagud Editores, 2002.

Micrococina y cocina de autor en el IES Valle de Aller, 2012. DEPARTAMENTO DE HOSTELERÍA DEL IES VALLE DE ALLER. Ed. IES Valle de Aller, 2012.

Tapas en la gastronomía del siglo XXI. Paco Roncero. Editorial Everest, 2006.

1.2. Fundamentos. Características generales de estos tipos de cocina

La cocina de autor es una corriente y mezcla de ideas, inquietudes y corrientes, que prima la creatividad y el pensamiento libre de los nuevos cocineros.

Desde esta perspectiva, los cocineros elaboran nuevas propuestas que rompen con los moldes establecidos y dan como resultado la experimentación y nuevas respuestas sensoriales, dando rienda suelta a la imaginación.

Los cocineros incluidos en esta corriente, apuestan por la renovación, tanto en la combinación de ingredientes como en las propuestas y técnicas culinarias, de manera que el producto final se diferencia tanto en origen y calidad como en presentación, textura y sabor.

En general, se apuesta por los ingredientes y platos propios de la región o del país, actualizándolos, dándoles nuevos usos y/o presentaciones, aligerando el contenido calórico y los tiempos de cocción; es decir, adaptándolos a las tendencias actuales de consumo.

Sobre el término cocina de autor podría debatirse mucho, pudiendo interpretarse este concepto de formas muy diversas, pero se considera que es la expresión del gusto personal de un chef que rompe con los esquemas tradicionales y reinterpreta los sabores, dando un toque personal y distinto; es decir, firma sus platos con un estilo propio modificando los sabores tradicionales y esperados.

Aunque se trate de una tendencia mundial, en nuestro país hay una creciente tendencia hacia la cocina de autor, a cargo de prestigiosos cocineros y restaurantes, que están presentes en todo tipo de poblaciones, como rasgo diferenciador de una gastronomía de calidad.

Los cocineros y restaurantes que cultivan la cocina de autor, se niegan a tener en sus cartas platos convencionales de la llamada cocina internacional (al menos en su forma tradicional, siempre habrá un detalle o una presentación que actualice ese plato) y buscan que sus clientes degusten sus propuestas y vuelvan a su establecimiento porque en ningún otro lado encontrarán una carta como la suya, porque el autor es el cocinero o restaurador.

El concepto de cocina de autor se aplicaba, en origen, para referirse a aquellos cocineros o restauradores no cocineros que diseñaban y practicaban una estrategia culinaria moderna y renovadora, más o menos basada en el gusto tradicional, pero tan innovadora que representa un salto de calidad con respecto a la cocina anterior. Significa la madurez creativa de la cocina del siglo xx, asimilándola y practicando un estilo propio y modificando el gusto.

FUNDAMENTOS

Según ciertas opiniones, hablar de nueva cocina y cocina de autor es hablar de la *nouvelle cuisine* en sus distintas variantes nacionales y regionales, relacionándola también con la cocina fusión, la cocina de producto de proximidad, la gastronomía molecular, y como alternativa (o complemento) en muchos casos a la cocina tradicional, pero cada tipo de cocina ha dejado su rastro y su herencia en la cocina actual.

De hecho, bajo el nombre de cocina de autor, las bases de la cocina tradicional se siguen utilizando y se adoptan, como hemos dicho, muchos principios de la *nouvelle cuisine* y de las nuevas cocinas regionales de finales del siglo xx.

Junto a esto, la globalización de los mercados y el aumento de los flujos migratorios, han traído la utilización de todo tipo de productos como se refleja en en la cocina fusión, y su reacción en la cocina de proximidad (*slow food* o cocina km 0).

Es un tipo de cocina que constituye una simbiosis de varios estilos, cada cocinero prepara lo que mejor se adapta a su conocimiento, experiencia y filosofía de cocina, y lo presenta a su manera, siempre respetando la norma básica de la alta cocina: presentar una necesidad (como es alimentarse) con buen gusto, en todo el sentido de la palabra.

Decir que la cocina de autor tiene una filosofía propia sería, en cierta medida, contradecir su propia denominación, ya que cada cocinero que practique este tipo de cocina tiene una identidad, tradición y filosofía propias. Sin embargo, hay algunos cánones que nos dan una idea general de a qué nos referimos y qué significa la **cocina de autor:**

- La cocina de autor recoge conceptos de todos los estilos anteriores, incluso se podría decir que recoge únicamente lo mejor de cada uno de ellos, indicando así conocimiento y desarrollo culinarios.

- Uno de los aspectos más importantes de esta corriente, es el haber tomado conciencia de no ver la comida únicamente como necesidad, sino como una experiencia sensorial, de esta manera, la degustación de un menú se convierte en un todo que debe absorber los sentidos por completo, no solamente el gusto. El servicio, en la cocina de autor, en el más amplio sentido de la palabra, se convierte en un «teatro» en el que no se deja nada al azar.

- El personal que está a cargo de ofrecer estos servicios es fundamental para completar el todo mencionado anteriormente. La cocina de autor va más allá de preparar y servir los alimentos con buen gusto, así que no solo el personal de cocina tiene que estar perfectamente capacitado y experimentado en las distintas corrientes culinarias y nuevas técnicas, sino que cada uno de los trabajadores del restaurante tiene una función esencial para la puesta en escena del menú.

- Los cocineros tienen actualmente una formación muy completa, y están en permanente actualización; aprenden de lecturas y viajes e intercambian experiencias con otros chefs y otras culturas.

- En la mayoría de los casos, el chef es el dueño del establecimiento, ya sea en sociedad o solo; es una persona que debe tener conocimiento y experiencia, además de en cocina, en administración, higiene, y nutrición, entre otras materias. A pesar de que su cocina es su mundo, necesita de todo un equipo de ayudantes, camareros, *maîtres* (e incluso decoradores), para crear una puesta en escena del menú o carta particular y diferente.

- El personal de sala también ha experimentado cambios, ya no son únicamente los camareros que toman la comanda y sirven las mesas, sino que (como el chef) son personas que tienen que tener un trato extremadamente correcto con los clientes, saber aconsejarle en ciertas circunstancias y saber explicar cada uno de los platos que están en la carta. Estos establecimientos, al no ser excesivamente grandes, no suelen necesitar excesivo personal de sala, pero sí muy formado, con grandes conocimientos tanto de la preparación y naturaleza de los alimentos, como de las diferentes bebidas, al tiempo que una coordinación perfecta con el personal de cocina, ya que en muchas ocasiones, la cocina de autor practica el servicio mediante el menú degustación.

• En el **menú degustación** se sirven pequeñas porciones de platos que aparecen en la carta, cantidad que varía desde seis hasta veinte porciones en pequeños bocados, para ofertar al comensal una mayor variedad de sabores y de creaciones del chef, prolongar la comida, concebida como experiencia, y hacer más variado el menú.

Aunque la idea del menú degustación pueda parecer moderna, es herencia de los banquetes antiguos y de la cocina japonesa, y se concibe como la forma en la que se descubre la esencia del cocinero, eligiendo él el menú según su propio criterio, ofertando los platos más representativos de su cocina, que, al mismo tiempo, deben estar en armonía unos con otros, es decir, que no se repitan productos, tipos de cocciones, salsas u otros elementos de cada plato. Muchas veces también se agregan otras preparaciones que no pertenecen en sí al menú degustación, como aperitivos o sugerencias, y que podrían tener acomodo en una carta o menú degustación futuros.

• Se recupera también la oferta de los *petit fours,* que habían sido relevantes en el pasado y que recuperan su sentido e importancia en el servicio de postres.

• En cuanto a montajes y presentaciones, se basan en principio en la libertad y la creatividad: si hoy en día les pidiésemos a un grupo de cocineros la elaboración de un mismo plato de cocina tradicional, seguramente todos los platos finales tendrían diferencias, tanto en el resultado como en la presentación, las decoraciones y guarniciones.

Ya en la *nouvelle cuisine* los cocineros ampliaban el tamaño de los platos, utilizaban nuevos materiales, etc., para concebir el montaje del plato como un cuadro, y a este, como un lienzo en blanco. Se trata de apostar por la relevancia de todos los sentidos en la degustación de la comida, alternando presentaciones, juegos de colores, contrastes, texturas, etcétera.

• Se persiguen ciertos aspectos en la preparación del alimento. En cuanto al montaje y presentación, se buscan distintas texturas, la presentación de elaboraciones tradicionales con nuevas texturas, tiene que existir volumen, abandonando el recargado de los platos, y se desecha como guarnición el elemento no comestible, adoptando flores comestibles, espinas de pescados y productos e ingredientes nuevos o propios de otras cocinas, como las asiáticas. Se busca la simplicidad, la sensación de frescura, limpieza, pureza y de que todos los ingredientes del plato tengan un sentido, no se deja nada al azar, cada elemento en la preparación es consecuencia y complemento a la vez del propio plato, y al mismo tiempo se busca crear una marca propia de cada cocinero.

1.3. Evolución de los movimientos gastronómicos

Los inicios de la cocina de autor no tienen nada de casual, aunque, quizás por su novedad, sea necesario establecer una línea que trace una evolución desde las cocinas más primitivas a las más actuales.

Ningún movimiento gastronómico empieza por que sí, todo tiene una razón y un sentido, y la cocina de autor no es ninguna excepción. Este movimiento responde a varias razones:

- Por un lado, una situación económica favorable provoca que los clientes, *gourmets* y críticos busquen nuevas experiencias culinarias tras conocer y haber explorado las propuestas tradicionales.

- Otro punto importante es la mayor formación de los propios cocineros, pero ya no solo en el sentido profesional, sino en el intercambio de información y de experiencias culturales.

- Otro de los activos importantes para esta corriente es el respeto por el medio ambiente y la ecología, el producto de temporada, de proximidad y apegado al espacio que se habita, de donde surgen las cocinas de marca, de temporada, las jornadas gastronómicas y el desarrollo de lo local, poniéndolo en valor mediante actualizaciones de técnicas, presentaciones, etc., en movimientos como el *slow food* y el km 0.

- Sin embargo, y sin entrar en contradicción con lo anterior, también se producen intercambios con otras cocinas como las asiáticas, africanas y sudamericanas, visibles en el empleo de algas, condimentos o técnicas foráneas y su integración en las distintas cocinas nacionales.

- El gusto por el juego y la puesta en relieve de la gastronomía como hecho cultural es lo que lleva a convertirla en el patrimonio que destaca un territorio.

Aunque aún sea una tendencia que necesita ser asimilada para que se escriba su historia, sí podemos indicar sus puntos de inicio con cierta claridad, y anticipando su posición como heredera de la *nouvelle cuisine,* las distintas nuevas cocinas territoriales, la cocina fusión, la introducción de la ciencia y la actividad industrial en la cocina y la globalización gastronómica.

Deberíamos, antes de explicar las corrientes culinarias modernas, hacer un recorrido por los diversos movimientos culinarios entendidos como realmente modernos, dejando un poco al margen la historia de la cocina desde los tiempos más remotos:

- El restaurante y el cocinero, como se conocen actualmente, aparecen como tales tras la Revolución Francesa (1789), momento en el que entra en la historia, con gran fuerza, una clase dominante que releva a la aristocracia: la burguesía. Con la abolición de las prebendas de los aristócratas, los cocineros franceses salen de los palacios a las calles, y es cuando aparecen los grandes restaurantes y bistrós, a los que acude esa nueva clase burguesa.

- Con la Revolución Industrial, a principios del siglo XIX, esa clase en auge frecuenta los restaurantes ya no solo como lugares donde disfrutar de la comida, sino del servicio y de la conversación. Es en ese momento cuando aparece el concepto de gran restaurante o gran hotel, los balnearios, los casinos, etc., y es el momento en que grandes cocineros sistematizan y editan los primeros tratados de cocina, extendiendo esa corriente a otros países europeos.

- Tras la Segunda Guerra Mundial, y hacia los años setenta del siglo xx, la tendencia continúa más o menos igual, pero con ciertas transformaciones en el concepto de los platos: la mejora de la calidad de vida general y el paso a un mayor sedentarismo y forma de vida más urbana, los flujos migratorios, etc., provocan cambios en los conceptos culinarios, el aligeramiento de los platos y también el de las guarniciones. Se producen también cambios en los hábitos de consumo, con mayor tendencia hacia una alimentación sana y más equilibrada.

- Es precisamente en los últimos años de los años setenta del siglo xx, cuando la ciencia lo invadía todo y el progreso era cada vez más acelerado. El momento en el que en la cocina se distingue entre lo bueno y lo sano, y toma forma el movimiento en Francia de la *nouvelle cuisine.* En esta corriente, se propugnaba el acortamiento de los tiempos de cocción, la disminución o sustitución de salsas y guarniciones pesadas, la importancia del emplatado y la presentación, la disminución de las raciones y el uso de productos de temporada.

- Esa tendencia pasaría a España a mediados de los años ochenta del mismo siglo, y precisamente en las zonas más ricas y más cercanas a Francia, donde ciertos jóvenes bebían de los postulados gastronómicos franceses, donde muchos de ellos trabajaban. Es entonces cuando se crean la nueva cocina vasca y nueva cocina catalana, en manos de los Arzak, Hilario Arbelaitz, Pedro Subijana, Santi Santamaria, o unos jóvenes Ferran Adrià o Carme Ruscalleda.

- Esa nueva corriente se va extendiendo progresivamente hacia otras regiones del país, comenzando claramente por las más industrializadas, y es el momento en que ya hablamos de nueva cocina española.

- A finales de los años noventa del pasado siglo tiene lugar otra de las grandes tendencias culinarias: la introducción de la cocina de fusión, con origen en Estados Unidos y Oceanía (Australia y Nueva Zelanda), unas zonas a medio camino entre la tradición europea, la oriental y la aborigen, con un rápido desarrollo económico y una gama de productos muy variada, que propugna una cocina en la que se unen técnicas, especias y productos orientales con tipos de servicio occidental, y viceversa. Esa tendencia se acentuó gracias a la globalización y los intercambios culturales, e incluso gracias a los medios que ofrece la sociedad de la información.

- Tras ese gran paso, el siguiente no podía ser otro que la unión (o introducción) de la ciencia en la cocina. El máximo exponente es el de Ferran Adrià, que introdujo en el mundo gastronómico las ideas de bioquímicos como el francés Hervé This o el norteamericano Harold McGee, que con sus estudios y publicaciones, intentaban racionalizar, sistematizar y estandarizar los procesos culinarios; como según estipulaba en sus palabras Hervé This: «crear un Tratado Elemental de Cocina como hizo Lavoisier con su *Tratado elemental de química* en la Ilustración, cuando estipuló la tabla periódica». En este juego entre ciencia y cocina, intervienen agentes propios de la industria alimentaria, como son alginatos, agar-agar, lecitina de soja, aire comprimido, etc., que dan lugar a esferificaciones, geles, aires, espumas, etc., abriendo nuevos campos para la cocina.

- En estos últimos años, las cosas han sucedido muy rápidamente, y como cada corriente tiene su contrario, ideas como las de Santi Santamaria frente al uso indiscriminado de las técnicas industriales en cocina y el olvido de la tradición culinaria global y de cada región, el desarrollo y promoción de las marcas de calidad (carnes, quesos, aceites), y el abandono de las áreas urbanas convirtiendo a los ciudadanos de urbanitas en neorrurales, han provocado una mayor fijación por el producto autóctono de calidad y de temporada, e incluso muchos grandes chefs se han instalado en zonas agrícolas donde mantienen su propio huerto y sus propios proveedores cercanos. Esta corriente se conoce como *slow food* o km 0, y apuesta por el producto autóctono de calidad, elaborando y creando nuevos platos a partir de esos productos.

- Al mismo tiempo, y conviviendo con el *slow food,* en los centros urbanos aparece el establecimiento denominado gastrobar. Se trata de locales (de reconocidos chefs o como oferta complementaria a la de su restaurante tradicional, en los que nada queda al azar, ni la decoración, ni la música, ni el servicio, y que basan su oferta gastronómica en el concepto de tapa actualizada, o minicocina. Este concepto aligera y moderniza el concepto de tapa o ración, introduce nuevas técnicas y/o presentaciones e, incluso, elabora otras a base de la práctica de la cocina de autor.

- Nadie sabe hacia dónde irá el futuro, pero las últimas tendencias parecen apuntar por un híbrido entre cocina de fusión y *slow food;* y sus mayores exponentes los encontramos tanto en el sur como en el norte del continente americano: Brasil, Perú, Canadá, EE. UU., y en el norte de Europa: Dinamarca, Suecia y Noruega. En algunos casos, se practica una cocina de autor con ingredientes autóctonos y totalmente desconocidos para el gusto europeo que pueden suponer un encuentro cultural tan grande como el descubrimiento de las cocinas de India, China o Japón.

Actualmente se integran también en esa nueva gastronomía, tendencias como el vegetarianismo y el veganismo.

MAPA CONCEPTUAL

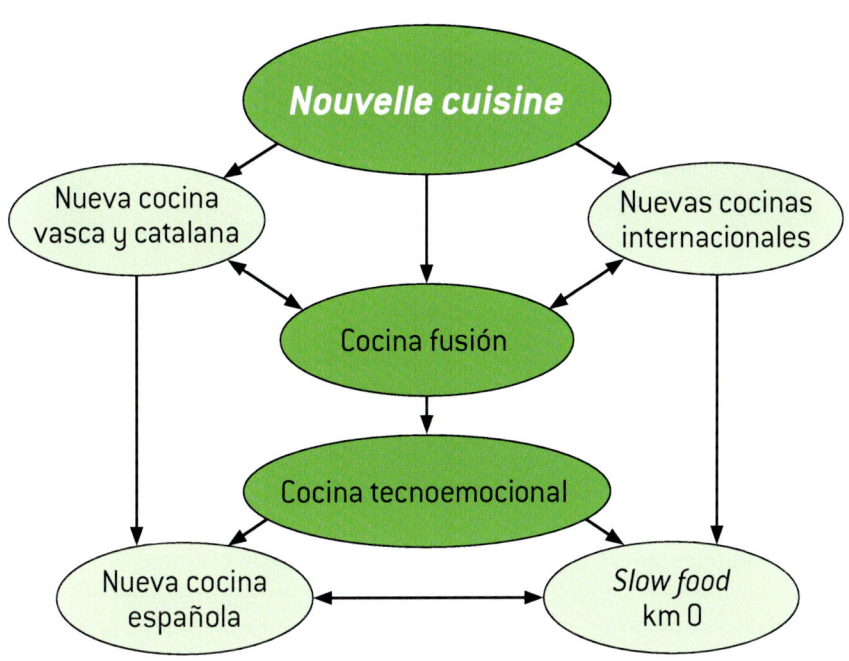

1.4. Pioneros franceses y españoles

Como ya se ha adelantado, el concepto de *nouvelle cuisine* comenzó en Francia en los años setenta del siglo xx, con los estudiantes procedentes de la escuela de Fernand Point, como son los hermanos Jean y Pierre Troisgos, Paul Bocuse y Michel Guérard, bajo la denominación de los críticos gastronómicos Henri Gault y Christian Millau.

Entre los españoles, como ya se han ciatado, representantes de la nueva cocina vasca, como Arbelaitz, Arzak, o Subijana, y de la nueva cocina catalana, como Santi Santamaria, Ruscalleda o Adriá.

1.5. La *nouvelle cuisine* o nueva cocina. Antecedentes

La denominación de *nouvelle cuisine* fue adelantada por Henry Gault y Christian Millau, dos críticos gastronómicos franceses, en 1970. Con el nombre de *nouvelle cuisine* quisieron identificar una nueva tendencia promovida y practicada por algunos jóvenes cocineros que comenzaban a liberarse de lo que consideraban la rutina y las rígidas normas para la alta y gran cocina o cocina de restaurante, impuestas por Escoffier, entre los cuales se encontraban Michel Guèrard y Paul Bocuse, quien a la larga sería el más representativo, y aún hoy el más conocido para el gran público.

Entre sus propuestas, se proponía el aligeramiento de la cocina:

- El uso de menos grasa, sustituyendo las mantequillas y grasas animales por las vegetales.

- La frescura y la búsqueda del sabor más natural de los ingredientes, especialmente de los vegetales, que ahora son cocinados al dente, mediante técnicas rápidas como escaldados y parrilla. En caso del pescado se pretende cocinarlo más firme, como en el caso anterior, mediante técnicas rápidas y poco agresivas.

- Sustituir las harinas de las grandes salsas por nata líquida, *coulis* o reducciones para trabar las salsas.

- El uso de ingredientes, esencias y especias poco conocidas o usuales en la cocina moderna de los años setenta, liberalizando su uso. Es el momento de la introducción de ingredientes, salsas y de prácticas propias de las cocinas orientales.

- La búsqueda del atractivo del plato mediante el emplatado, prestando especial atención a las vajillas y nuevos recipientes, y a la decoración de los platos. Comienzan a utilizarse platos de diámetro muy grande, que permitiesen en mayor medida la presentación y acompañamiento de las

> elaboraciones, y la decoración mediante fondos con trazados finos de las
> diferentes salsas y *coulis,* y armonizando con cortes de vegetales, cru-
> dos o cocidos, e incluso flores, que diesen mayor vistosidad a los platos,
> pero siempre en pequeña cantidad y con elaboración independiente del
> género principal.
>
> • Se pierde el tipo de servicio tradicional de las comidas, evitando el ser-
> vicio de grandes piezas o elaboradas en sala para que el *maître* las
> trinchase o flambease a la vista del cliente: *se le da mayor importancia*
> *al emplatado y decoración en cocina, lo que junto con la propia propues-*
> *ta gastronómica del cocinero supone la aparición de la cocina de autor.*

La *nouvelle cuisine,* como movimiento gastronómico, en realidad tuvo poca influencia, pero su mayor aporte tuvo lugar en el cambio de mentalidad de los
clientes y de los cocineros, influyendo además en otras cocinas nacionales fuera de las fronteras francesas.

Como ya habíamos explicado antes, la década de 1970 supone un cambio de
mentalidad del cliente y del cocinero. El consumidor comienza a preocuparse en
mayor medida por la nutrición y la calidad de los productos que consume.

Es la época en la que empiezan a aparecer los primeros restaurantes vegeta-
rianos, las tiendas de dietética, etc., y al mismo tiempo es la misma época en
la que el propio cocinero se olvida (o transforma) la tradición en el más amplio
sentido de la palabra: el abandono o actualización de platos tradicionales de la
alta cocina, el sentido de equilibrio, el del servicio, y el desarrollo de la libertad
creativa, apartándose de las rígidas normas y ataduras de la cocina de restaurante de Escoffier.

Otro de los puntos de influencia es en el descubrimiento de los sentidos; el cocinero se da cuenta de que la comida no solo es susceptible de ser aceptada por
el sentido del gusto, sino que también debe influir en los de la vista, el olfato, el
oído e, incluso, el del tacto.

En otro sentido, Francia, como creadora de la alta cocina y la cocina de restaurante, supo exportar esta tendencia a otros países, coincidiendo además con
la creación de las primeras Escuelas de Hostelería, ganando adeptos a los nuevos conceptos culinarios entre los cocineros y estudiantes más jóvenes, que la
practicaron (a su manera, y con producto local, aunque con aportaciones pro
pias de la cocina francesa), en sus respectivos países: se trata de los casos ya
citados de los Arzak, Adriá, Santamaria, en las zonas de España más cercanas
a Francia y con gran tradición culinaria previa, creando las nuevas cocinas vasca y catalana.

Sin embargo, si algo hay que reprocharle a esta nueva tendencia liberadora, fue la mala interpretación, en algunos casos, de sus principios básicos por parte de ciertos cocineros (en un momento en que su figura ya empezaba a respetarse) por ir un paso más allá, convertirse en los grandes innovadores de moda, y en ofrecer, en algunos casos al comensal platos poco trabajados, carentes de técnica y armonía, buscando más la espectacularidad de la presentación y el servicio, y sin ninguna filosofía culinaria de reinterpretación de la tradición.

Como reflexión, aunque la *nouvelle cuisine* fue una corriente bastante efímera, sí que transformó las corrientes culinarias posteriores, e incluso, muchos de sus practicantes y defensores son aún hoy nombres respetados y de gran prestigio, pero quizás son aquellos que mejor supieron conjugar tradición, modernidad y libertad de creación.

1.6. Hábitos y tendencias de consumo de elaboraciones culinarias

Como norma general de las nuevas cocinas, el propósito principal de las nuevas tendencias gastronómicas atiende a una serie de características comunes, fijadas ya desde la irrupción de la *nouvelle cuisine,* como son:

- La importancia de la presentación de la comida y el atractivo visual.
- La estimulación de los cinco sentidos por la comida.
- Concebir la presentación del plato desde la cocina.
- Uso de hierbas y condimentos, además de hortalizas frescas y de temporada en los platos.
- Suavizar el empleo de salsas pesadas, apostando por trazos de *coulis,* reducciones, esencias y jugos.
- Abandono de las harinas como espesantes, adoptando las ligazones con huevos, nata y gelificantes y espesantes vegetales.
- Creación de platos ligeros con sabores distintos, combinados, pero sin ocultar el sabor original.
- Apostar por la elegancia en la elaboración y presentación.
- Apostar por los sabores frescos, platos equilibrados dietéticamente y productos al dente.
- Presentación variada en pequeñas porciones en el mismo plato (influencia japonesa) en lugar de grandes piezas.

Como hemos avanzado, y seguiremos viendo, todos estos preceptos fueron adaptados a cada tipo de cocina posterior, siendo cada una influenciada por sus circunstancias, productos y variantes regionales e históricas, suponiendo así la mayor o menor influencia de sus principios.

De hecho, todos estos preceptos, como más tarde haría Adriá con sus famosos 23 puntos sobre la cocina tecnoemocional, fueron plasmados por Paul Bocuse en su libro *La cocina del mercado* en los años setenta del pasado siglo, definiendo, bajo la forma de decálogo, las normas que establecieron la *nouvelle cuisine:*

1. Rechazar la complicación inútil y descubrir la estética de la simplicidad.

2. Reducir el tiempo de cocción tal como se practica en la cocina china para casi todos los mariscos, pescados, volatería y para ciertas legumbres verdes y para la pasta.

3. Practicar la cocina de mercado; es decir, comprar los productos frescos.

4. Reducción de las cartas; subordinándolas naturalmente a los mejores géneros disponibles.

5. Abandonar las marinadas y los adobos de gran fuerza.

6. Rechazar las salsas demasiado ricas, demasiado densas.

7. Retornar a la gastronomía regional, a las recetas del terruño, locales.

8. Curiosidad hacia las técnicas del progreso; utilizar todas las ventajas de la ciencia.

9. Búsqueda de una cocina dietética y saludable.

10. Constante invención; la mezcla atrevida de nuevos gustos a veces lleva a hallazgos de una calidad excepcional.

1.7. De la nueva cocina o la *nouvelle cuisine* a la cocina actual

Los conceptos de la *nouvelle cuisine* se extendieron rápidamente a las zonas y países limítrofes con Francia, aun cuando allí ya se había agotado este movimiento. Aun así, podríamos establecer un cronograma donde pudiese trazarse su evolución hasta los tiempos actuales:

- Década de 1970-80: aparición de la *nouvelle cuisine* en Francia. Inicio del vegetarianismo y la dietética, y primera introducción de productos, técnicas y especias orientales.

- Década de 1980-1990: expansión al exterior creando corrientes de nueva cocina regional en Cataluña y País Vasco, extendiéndose por el resto de España en particular y en otros países en general. Introducción en el mercado nacional de productos foráneos.

- Década de 1990-2000: desarrollo de la cocina de fusión, con origen en Estados Unidos y Oceanía, y expansión y ensamblaje con las nuevas cocinas nacionales o regionales. Aparición de la alta cocina española (con Arzak, Subijana, Ferran Adrià, Santi Santamaria, Carme Ruscalleda, etc.) como máximos exponentes. Desarrollo de técnicas propias de la cocina japonesa.

- Década de 2000-2010: aplicación de nuevas técnicas culinarias procedentes de la industria (gelificantes, estabilizantes, nitrógeno líquido, vacío, etc.). Desarrollo de la gastronomía molecular (introducción de la ciencia en los procesos culinarios) y de la cocina tecnoemocional (Ferran Adrià, Heston Blumenthal, etcétera).

- Década de 2010 en adelante: vuelta a los orígenes en cuanto al producto (*slow food,* km 0); auge de cocinas nacionales como la peruana, brasileña y nórdica.

Sin embargo, se debe aclarar que este cronograma no es lineal. En cada país surgen tendencias mixtas e incluso se retroalimentan, dando lugar a maridajes propios, adaptaciones y experimentaciones, de las que surge la nueva cocina de autor.

Como ya hemos visto, el proceso evolutivo que tiene lugar entre la aparición de la *nouvelle cuisine* y las tendencias actuales, no es un camino rectilíneo, sino que en algunas ocasiones aparecen retroalimentaciones o ensamblajes con otros movimientos, si no contradictorios, sí complementarios dando lugar a nuevas corrientes, muchas veces marcadas por la experiencia personal de cada cocinero. De hecho, podríamos hablar, más que de cocina actual, de «cocinas actuales» y propias.

Es normal encontrarnos hoy a grandes chefs que hablan de «su cocina», y lo hacen desde el punto de vista que les da su propio conocimiento y experiencia, su saber hacer, su capacidad para experimentar, los productos empleados o los aportes y vivencias externas que utilizan; por eso es tan difícil intentar encuadrar estos nuevos tipos de cocina en el mismo conjunto.

1.8. Utilización de materias primas características de cada zona en cocina creativa

Como en todos los tipos de cocina, lo principal en cualquier preparación culinaria es contar con las materias primas necesarias y adecuadas. La cocina del siglo xxi hace gran hincapié en los productos y materias primas, propios o ajenos, que intenten reflejar el mensaje que cada momento o cocinero quiere transmitir, para obtener los mejores resultados y mensajes. No se puede hacer una lista única de ingredientes, ya que cada cocinero, como hemos visto, adapta los distintos ingredientes a su filosofía culinaria (cocina tecnoemocional, *slow food,* cocina fusión, etc.), conocimientos o vivencias, intentando ensamblarlos para crear o recrear platos tradicionales, pero podemos intentar hacer un análisis:

FONDOS DE COCINA Y SALSAS

Desde que Escoffier sentase las bases de la alta cocina, quizás lo que más han respetado los cocineros, o lo que más ha perdurado en el tiempo, son los fondos de cocina, su base.

Sin ellos la cocina tradicional no existe o no se concibe, pero con el tiempo han ido apareciendo fondos nuevos (caldo *dashi,* fondos industriales, etc.) o se han transformado los tradicionales. Sin contradecir lo que supone la aportación de la cocina de autor, muchos de los nuevos cocineros utilizan estas bases, y aligerándolas, como norma general.

Lo más común en este tipo de cocina es el empleo de reducciones de fondos o glasas, evitando su mezcla con *roux* (o utilizando nuevos aglutinantes como almidones, xantana o agar-agar) y buscando la esencia del sabor.

De esta manera, nos encontramos con una serie de normas no escritas como pueden ser:

- En general, se abandonan las salsas pesadas, sustituyéndolas por otras de nueva creación o variantes a partir de las más pesadas, sustituyendo los *roux* por otros tipos de ligazón, como el almidón.

- Esto es más habitual en las salsas emulsionadas, como las vinagretas, donde ya se introduce la expresión «de autor».

- Otra de las variantes aparece en la presencia de licuados y *coulis,* generalmente dulces o agridulces, como los de mango, frutas del bosque, etc., generalmente asociados a carnes de caza y postres.

- Se utilizan fondos, *coulis* o reducciones de productos específicos de cada zona, a veces no empleados en cocina tradicional en esos usos: *coulis* de grelos o berza, reducciones realizadas con tendones de animales, fondos oscuros de hortalizas, etcétera.

PASTAS, HARINAS, FRUTAS, CONDIMENTOS, FLORES Y MARCAS AUTÓCTONAS

Pastas

En cuanto al empleo de pastas, es común el uso de las de procedencia foránea como la pasta *filo,* la *brick* o la *wonton,* entre otras.

- La pasta *filo* es una masa empleada en la gastronomía del Medio Oriente, del Magreb, de Turquía y de los Balcanes, y que se caracteriza por ser muy delgada, casi translúcida. Se usa a menudo en finas capas superpuestas que recuerdan a un hojaldre, aunque su elaboración sea muy distinta.

  Tiene múltiples usos: frita después de ser doblada o enrollada sobre un relleno, cocida mezclada con otros ingredientes, o asada en plancha. Se utiliza para elaborar postres, como el *baklava,* así como comidas saladas.

- La pasta *brick* tiene la forma de una crepe redonda de 30 cm de diámetro. Es una pasta de fácil utilización y se emplea en la elaboración y confección de rellenos en rollitos, flores, triángulos, etc. Se puede cocinar tanto en el horno como en fritura.

• La pasta *wonton,* originaria de las gastronomía china, se utiliza para albergar rellenos formando raviolis que se utilizan cocidos, fritos u horneados.

Harinas

Aparte de las de uso tradicional, en el mercado aparecen otras como la de arroz, la de guisantes y otras legumbres, que se suelen emplear en frituras, como la *tempura.*

Frutas

Se suelen emplear frutas exóticas, más presentes hoy en nuestros mercados gracias a la mejora de las comunicaciones; lichis, papaya, banana, carambola, mango, maracuyá, etcétera.

Su empleo proviene de su uso en la cocina de fusión, y como sucede con los condimentos, en el equilibrio en el uso se basa su éxito en cocina.

Condimentos

En el apartado de condimentos, se presta especial atención al aceite, generalmente de oliva virgen, y a sus derivados, los aceites compuestos.

Los aceites compuestos siguen dos líneas de elaboración: la infusión y la maceración.

Los aceites obtenidos por maceración son generalmente los vegetales (aceite de romero, de trufa, de parmesano, etc.). Los aceites por infusión son los que se elaboran a partir de ingredientes animales (aceite de crustáceos) o vegetales mediante confitados (aceite de ajo).

Lo mismo podemos observar con los vinagres compuestos, o el gran uso del balsámico y su reducción; los ingredientes y especias foráneas, como la leche de coco, el aceite de sésamo, la cúrcuma, el jengibre, la pimienta de Jamaica, la salsa de soja, el *wasabi,* las algas, las sales compuestas (sal de cítricos, de vino, etc.), o de las sales especiales (sal negra, sal rosa del Himalaya, etcétera).

Flores

Las flores comestibles son otro de los alimentos que, sin apenas darnos cuenta, están presentes en nuestra dieta desde hace miles de años.

Flores o parte de ellas son la alcachofa, la coliflor, el brécol, etc.; estambres y pistilos, como el clavo y el azafrán, o flores de ciertas hortalizas tradicionales en la cocina mediterránea, como la de calabacín, u otras empleadas en esencias, como son la rosa y el jazmín.

Los practicantes de cocina de autor y creativa incorporan a sus creaciones una gran variedad de flores comestibles, que se pueden añadir a los platos de forma decorativa.

No todas las flores son comestibles; hay algunas que son hasta peligrosas (por su propia naturaleza o el método de cultivo), por esa razón, solo se admiten flores que no presenten ningún producto tóxico, como herbicidas, pesticidas ni algunos fertilizantes.

Las flores más utilizadas en cocina de autor son las rosas y también las flores de calabaza y calabacín, aunque también se presentan platos con azahar, amapola, claveles, pensamientos, jazmín, gladiolos, salvia o violeta, entre otras.

Las flores de calabaza tienen un sabor dulce y muy delicado, y se utilizan en diversas elaboraciones en Italia y México.

Otras de las flores comestibles de gran uso en cocina son las caléndulas, con un sabor algo amargo que las hace apropiadas en combinaciones de bebidas, salsas, *coulis* y elaboraciones de pastelería.

La rosa es una de las flores comestibles más utilizadas en postres y preparaciones dulces (rosa mosqueta) como tartas, ensaladas de frutas, y, en algunos casos, en salsas de marisco.

MARCAS DE CALIDAD AUTÓCTONAS

En la actualidad, muchos de los representantes de la cocina creativa y de autor buscan una diferenciación basada en las marcas de calidad autóctonas existentes en las comunidades o regiones donde llevan a cabo su trabajo.

Se trata de una interacción con el pequeño productor, dinamizando las DO, IGP y ETG características de cada zona, utilizándolas como recursos para crear una nueva gastronomía regional de calidad.

Esta tendencia, intenta aunar el recurso tradicional con las nuevas aportaciones (técnicas y de producto foráneo), para crear nuevos platos a partir de producto y cocina tradicionales.

En este sentido, cabe destacar el trabajo de difusión (y de recuperación en muchos casos) de productos como el aceite de oliva, los productos del cerdo ibérico, quesos, la agricultura, ganadería y pesca ecológicas y sostenibles, y en general todos los productos de calidad y tradición asociados a las distintas regiones y países.

En muchas ocasiones, estos jóvenes cocineros se integran en asociaciones que, junto a representantes de las distintas marcas de calidad autóctonas, buscan la revitalización de las cocinas regionales a través de productos específicos, como hecho diferenciador (trufas, mariscos, razas de ganado, etcétera).

1.9. Cocina de fusión

El movimiento culinario conocido como cocina fusión, tiene su origen en Estados Unidos y Oceanía, y más concretamente en Australia, un país donde priman la sencillez y la simplicidad aplicadas al ámbito gastronómico.

Ambos países se caracterizan por haber sido construidos a base de una tradición cultural y gastronómica europeas (diversidad geográfica en origen de su población), con alto poder económico, y el encontrarse a medio camino de las culinarias africanas, indias y asiáticas. Ese contexto los convirtió en un perfecto caldo de cultivo para la mezcla de tradiciones y productos diversos.

En el terreno culinario, la cocina fusión se caracteriza por la búsqueda de sabores limpios, mezclas gastronómicas con criterio, y el abundante uso de verduras y frutas que acompañen y aromaticen las elaboraciones.

Los cocineros valoran y respetan la riqueza de los alimentos autóctonos, reconociendo y reivindicando la cocina aborigen (hecho similar al que está sucediendo en la actualidad en países de Sudamérica como Ecuador, Perú y Brasil).

Por otro lado, el cliente busca, al mismo tiempo, el equilibrio, la salud, el gusto y el buen hacer en la cocina.

Las características del clima y el territorio australianos hacen que esa región sea ideal para el cultivo, por adaptación y cercanía de mercados, de frutas tropicales: papayas, manzanas de Filipinas, carambola de Malasia, pomelos, mangos, piña y *abacaxí,* etcétera.

Con todos estos ingredientes, la cercanía de la cultura asiática y de la tradición europea, los cocineros comenzaron a utilizar productos traídos de todas partes de Asia para incorporarlos a sus platos. Nadie se propuso hacer esa fusión, sucedió, se estableció e influyó en diferente medida en las distintas cocinas.

El resultado es una cocina de ilimitada capacidad de absorción ante las diversas propuestas exóticas (Asia, India, etc.) y asimilación de las propuestas europeas. Distinta, ligera, simple, fresca, poco estructurada, exuberante, e influenciada en gran medida por la dieta mediterránea; una cocina variada y colorida, a base de platos de todas las nacionalidades, equilibrados y bajos en grasas, incluyendo tanto el aceite de oliva de los países mediterráneos como el aceite de cacahuete de los países asiáticos.

En este tipo de cocina se adaptaron platos tradicionales dándoles un toque distinto, con nuevos sabores desconocidos para el gran público, con la idea de armonizar elementos que combinen entre sí sin estridencias. Se introducen condimentos como el cardamomo, la salsa de soja, los chiles, el sésamo o los agridulces, sin causar estridencias.

Podemos encontrar antecedentes históricos de esta cocina de fusión, que nos muestran que la mezcla de culturas culinarias se ha producido y se produce tanto a lo largo del tiempo como en la actualidad:

- Cocina tex-mex: en Estados Unidos; fusionando gastronomías tejanas y mexicanas.

- Cocina cajún: también en Estados Unidos; fusionando la gastronomía de los franceses de Nueva Orleáns, la africana y la española.

- Cocina chifa: en Perú, fusionando la gastronomía local con la introducida por los emigrantes chinos (de Cantón, principalmente).

- Cocina *nikkei:* en Perú, fusionando la gastronomía local con la introducida por los emigrantes japoneses.

- Cocina *balti:* en Gran Bretaña (Birmingham); fusionando la cocina de ese país con las gastronomías india y tibetana. Generalmente se basa en el empleo de distintos tipos de *curry* y abundante picante.

Esta tendencia no tardó mucho en expandirse, como en el caso de la *nouvelle cuisine* (uso de productos orientales), pero no de la misma manera ni tan frecuentemente.

La idea era dar rienda suelta a la creatividad en cocina: la cocina tradicional, siendo buena, ya no era novedosa, así que el principal aspecto que introdujo fue el impulso de la creatividad y el uso de nuevos condimentos, usos y géneros de todas partes del mundo; introdujo la globalización en la cocina.

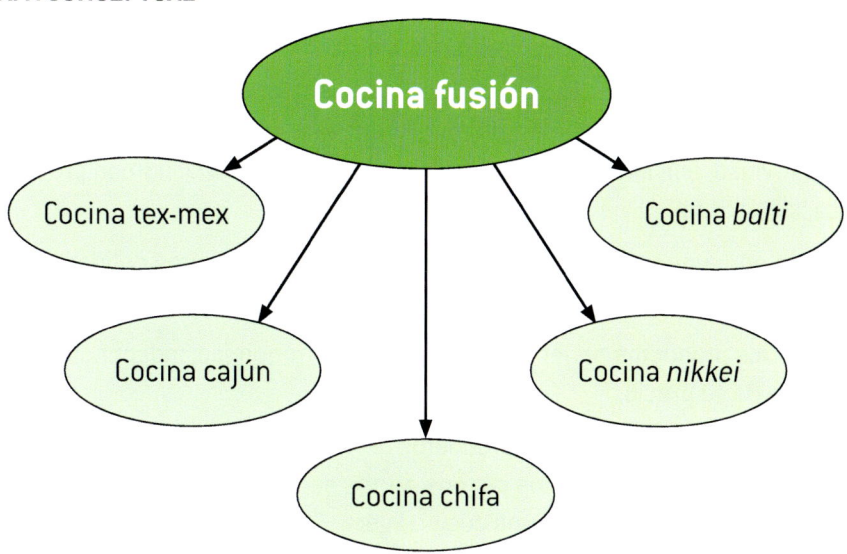

1.10. Cocina creativa o de autor

Ya hemos sistematizado las distintas corrientes culinarias, de manera que en este apartado nos detendremos más a fondo en las características propias de la cocina de autor.

1.10.1. Ferran Adrià y la cocina de autor

Uno de los mayores representantes en España ha sido Ferran Adrià, con su restaurante El Bulli, donde desde bien pronto comenzó a experimentar en las nuevas tendencias, conocimiento de la ciencia y técnica, y difusión a través de su taller.

Esa filosofía culinaria la resumió en 23 puntos.

SÍNTESIS DE LA COCINA DE EL BULLI

- La cocina es un lenguaje mediante el cual se puede expresar armonía, creatividad, felicidad, belleza, poesía, complejidad, magia, humor, provocación, cultura.

- Se da por supuesta la utilización de productos de máxima calidad, así como el conocimiento de la técnica para elaborarlos.

- Todos los productos tienen el mismo valor gastronómico, independientemente de su precio.

- Se utilizan preferentemente productos del mundo vegetal y del mar; predominan también productos lácteos, frutos secos y otros productos que en su conjunto configuran una cocina ligera. En los últimos años se hace muy poco uso de la carne roja y de aves en grandes piezas.

- Aunque se modifiquen las características de los productos (temperatura, textura, forma, etc.), el objetivo es preservar siempre la pureza de su sabor original, salvo en los procesos en los que haya una cocción larga o se busquen los matices resultantes de reacciones como la de Maillard.

- Las técnicas, tanto clásicas como modernas, de cocción son un patrimonio que el cocinero debe saber aprovechar al máximo.

- Como ha sucedido a lo largo de la historia en la mayoría de los campos de la evolución humana, las nuevas tecnologías son un apoyo para el progreso de la cocina.

- Se amplía la familia de los fondos y, junto a los clásicos, se utilizan fondos más ligeros que ejercen idéntica función (aguas, caldos, consomés, jugos de verduras clarificados, leches de frutos secos, etcétera).

- La información que da un plato se disfruta a través de los sentidos; también se disfruta y racionaliza con la reflexión.

- Los estímulos de los sentidos no solo son gustativos: se puede jugar igualmente con el tacto (contrastes de temperaturas y texturas), el olfato, la vista (colores, formas, engaño visual, etc.), con lo que los sentidos se convierten en uno de los principales puntos de referencia a la hora de crear.

- La búsqueda técnicoconceptual es el vértice de la pirámide creativa.

- Se crea en equipo. Por otra parte, la investigación se afirma como nueva característica del proceso creativo culinario.

- Se borran las barreras entre el mundo dulce y el mundo salado. Cobra importancia una nueva cocina fría, en la que sobresale la creación del mundo helado salado.

- La estructura clásica de los platos se rompe: en los entrantes y en los postres hay una verdadera revolución en la que tiene mucho que ver la simbiosis entre el mundo dulce y el mundo salado; en los segundos platos se rompe la jerarquía producto-guarnición-salsa.

- Se potencia una nueva manera de servir la comida. Se produce una actualización del acabado de platos en la sala por parte del servicio. En otros casos, son los comensales los que participan en este acabado.

- Lo autóctono como estilo es un sentimiento de vinculación con el propio contexto geográfico y cultural, así como con su tradición culinaria. La comunión con la naturaleza complementa y enriquece esta relación con el entorno.

- Los productos y elaboraciones de otros países se someten al propio criterio de cocina.

- Existen dos grandes caminos para alcanzar la armonía de productos y sabores: a través de la memoria (conexión con lo autóctono, adaptación, deconstrucción, recetas modernas anteriores), o a través de nuevas combinaciones.

- Se crea un lenguaje propio cada vez más codificado, que en algunas ocasiones establece relaciones con el mundo y el lenguaje del arte.

- La concepción de las recetas está pensada para que la armonía funcione en raciones pequeñas.

- La descontextualización, la ironía, el espectáculo, la *performance* son completamente lícitos, siempre que no sean superficiales, sino que respondan o se conecten con una reflexión gastronómica.

- El menú degustación es la máxima expresión en la cocina de vanguardia. La estructura está viva y sujeta a cambios. Se apuesta por conceptos como *snacks,* tapas, *avant* postres, *morphings,* etcétera.

- El conocimiento y/o la colaboración con expertos de los diferentes campos (cultura gastronómica, historia, diseño industrial, etc.) es primordial para el progreso de la cocina. En especial, la cooperación con la industria alimentaria y la ciencia ha significado un impulso fundamental. Compartir estos conocimientos entre los profesionales de la cocina contribuye a dicha evolución.

Como hemos señalado, el legado de Ferran Adrià, entendiéndolo como uno de los máximos exponentes de la cocina de autor, no se refiere únicamente a su legado como cocinero, sino a la experimentación y aplicación de las nuevas tecnologías y la ciencia en la cocina.

Otras de sus aportaciones han sido y son la concepción nueva del restaurante y del menú, la difusión de la cocina española en el resto del mundo, donde está considerada una de las mejores, y la difusión de conocimientos y formación de jóvenes cocineros a través del taller de El Bulli, que luego multiplicaron sus aportaciones.

Sin embargo, Ferran Adrià no estaba solo; su labor quizás no hubiese sido posible, o al menos habría sido más complicada, si antes no hubiesen existido figuras como Hilario Arbelaitz, Juan Mari Arzak, Pedro Subijana, Josep Mercader o Santi Santamaria, sistematizadores de las nuevas cocinas vasca y catalana a partir del estudio y asimilación de la *nouvelle cuisine*.

1.10.2. Otros cocineros y exponentes de este movimiento

Dejando a un lado a Adriá y al resto de grandes figuras, nos encontramos con un número cada vez mayor de cocineros, en su gran mayoría jóvenes, que engrosan este movimiento culinario, como podrían ser:

- Lucía Freitas: cocinera gallega representante del producto de cercanía y de temporada. Posee el restaurante A Tafona (Santiago de Compostela).

  — https://www.luciafreitas.es/es/a-tafona

- Javier Olleros: cocinero gallego propietario del restaurante Culler de Pau (O Grove, Pontevedra), especializado en una cocina de km 0, producto de proximidad y sostenible.

  — https://www.cullerdepau.com/es/

- Nacho Manzano: expresa la evolución de la cocina asturiana a través de la fusión de productos y la aplicación de nuevas técnicas y texturas, actualizándola y creando nuevas versiones de platos tradicionales en Casa Marcial, NM y Gloria, en Asturias.

  — https://casamarcial.es/

- José Antonio Campoviejo: aúna la tradición y el producto asturianos con las técnicas y presentaciones de la *nouvelle cuisine*, aportando clasicismo a la cocina regional asturiana en El Corral del Indianu (Arriondas).

  — https://elcorraldelindianu.com/

- Jesús Sánchez: navarro de nacimiento y propietario del Cenador de Amós (Cantabria), plasma en su cocina el producto de temporada y sostenible (hortalizas, pescados, setas, etc.) mediante técnicas y elaboraciones que realzan sus cualidades.

  — https://www.cenadordeamos.com/

- Josean Martínez Alija: defiende la cocina minimalista y de producto, en la que reduce el número de técnicas, productos y decoraciones en Nerua (Bilbao).

  — https://www.neruaguggenheimbilbao.com/

- Andoni Luis Aduriz: uno de los cocineros más revolucionarios, apuesta por una nueva cocina que ensalza lo natural, las hortalizas frescas y la experimentación tanto en técnicas como en presentaciones en Mugaritz (Guipúzcoa).

  — https://www.mugaritz.com/

- Eneko Atxa: representa la evolución de la cocina vasca a través de la tradición apostando por una cocina natural que resalta el origen de los productos en Azurmendi (Vizcaya).

  — https://azurmendi.restaurant/

- Juan Mari Arzak: formado en la *nouvelle cuisine* francesa, adaptó las nuevas tendencias a la tradición y los productos vascos en su restaurante Arzak (San Sebastián), en el que su hija Elena lleva hoy las riendas.

  — https://www.arzak.es/

- Pedro Subijana: creador, junto a Arzak, de la nueva cocina vasca, desarrolló una apuesta por la creatividad en relación con la nutrición en Akelarre (San Sebastián).

  — https://akelarre.net/

- Martín Berasategui: uno de los innovadores de la nueva cocina vasca, regenta varios restaurantes con el nombre de Martín Berasategui (San Sebastián y otros).

  — https://www.martinberasategui.com/es/inicio

- Luis Alberto Lera: cocinero zamorano que recrea la tradición, la sostenibilidad, y el producto de temporada (con especial atención a la caza menor y a las setas) en su restaurante Lera (Castroverde de Campos, Zamora).

  — https://restaurantelera.es/

- Cristóbal Muñoz: cocinero del restaurante Ambivium (Peñafiel, Valladolid), en los que desarrolla una cocina de maridaje con los vinos y los productos de la tierra con especial atención a técnicas de conservación tradicionales.

  — https://www.restauranteambivium.com/

- Francis Paniego: cocinero riojano, propietario de El Portal de Echaurren (Ezcaray, La Rioja), y renovador de la cocina y el producto tradicional riojanos, con especial atención a la casquería y a la actualización de recetas.

  — https://echaurren.com/restaurante-el-portal-de-echaurren/

- David Yárnoz: cocinero navarro que apuesta por los productos ecológicos y silvestres en su carta, trabajando con el producto local y de temporada: caza, setas, hortalizas y hierbas, etc., en el Molino de Urdániz (Navarra).

  — https://www.elmolinourdaniz.com/

- Carmelo Bosque: cocinero aragonés que apuesta por la reivindicación de productos del terruño y la revalorización de la cocina tradicional en el restaurante Lillas Pastia (Huesca).

  — https://lillaspastia.es/

- Los hermanos Roca: otros de los grandes cocineros, apuestan por la actualización de la cocina tradicional y el trabajo con nuevas técnicas en El Celler de Can Roca (Gerona).

  — https://cellercanroca.com/

- Carme Ruscalleda: la cocinera española con más estrellas Michelin, con el restaurante Sant Pau (Sant Pol de Mar, Barcelona); sin abandonar el producto ni las técnicas autóctonas, es una de las mayores creadoras a partir de condimentos y géneros foráneos, recordando a la cocina de fusión.

  — https://www.cuina-santpau.cat/

- Albert Adrià: hermano de Ferran Adrià, en El Bulli desempeñaba la labor de creación de postres, aplicando las nuevas tecnologías, productos y presentaciones al mundo de lo dulce; hoy regenta establecimientos como Enigma (Barcelona).

  — https://enigmaconcept.es/es/

- Quique Dacosta: cocinero afincado en la comunidad valenciana, que sin abandonar la experimentación constante y la fusión con otros productos y culturas gastronómicas, actualiza y difunde los arroces tradicionales y de autor en sus restaurantes El Poblet, Llisa Negra y Vuelve Carolina.

  — https://www.quiquedacosta.es/

- Ricard Camarena: cocinero valenciano especializado en la innovación en la elaboración de arroces, en la profundización en los principales rasgos y productos de la cocina mediterránea, en el Ricard Camarena Restaurant, Canalla Bistró, etcétera.

  — https://ricardcamarena.com/

- Álvaro Salazar: cocinero andaluz que tras pasar por restaurantes de grandes cocineros de vanguardia se trasladó a las Islas Baleares, donde desarrolla su trabajo en el restaurante Voro (Canyamel, Mallorca). Su trabajo aúna la tradición de su tierra andaluza con los productos mediterráneos y la tradición culinaria de la isla.

  — https://vororestaurant.com/

- Pablo González Conejero: cocinero murciano, se le considera pionero en la renovación gastronómica de la Comunidad de Murcia practicando una cocina de vanguardia a partir del producto local en su restaurante Cabaña Buenavista (El Palmar, Murcia).

  — https://restaurantelacabana.com/

- Dani García: uno de los grandes exponentes de la cocina andaluza, destaca en sus revisiones de los pescados del Mediterráneo y la experimentación con nitrógeno líquido y aceite de oliva virgen. En la actualidad regenta el Grupo Dani García, que engloba diferentes restaurantes y conceptos en varios países, como Leña, Tragabuches, Lobito de Mar, etcétera.

  — https://grupodanigarcia.com/

- Ángel León: conocido como el Chef del Mar, su trabajo se basa en la aplicación de nuevas técnicas al cocinado de pescados y mariscos, el desarrollo de nuevos productos marinos (plancton, algas, etc.), y su compromiso con el medio ambiente y la sostenibilidad, en sus restaurantes como Aponiente, Alevante o La Taberna del Chef del Mar (Andalucía).

  — https://www.aponiente.com/

- Paco Morales: gran defensor de la recuperación de la cocina andalusí, en la que cobra actualiza técnicas, productos y platos en su restaurante Noor (Córdoba).

  — https://noorrestaurant.es/

- Toño Pérez: cocinero extremeño propietario de Atrio (Cáceres). Es el cocinero más reconocido de la Comunidad de Extremadura, con una formación que incluye varios restaurantes de España y Francia. Practica una cocina de vanguardia ligada al producto local, de temporada, historia de los procesos de elaboración de estos.

— https://atriocaceres.com/

- Pepe Rodríguez: actualizador de las raíces de la cocina manchega aportándole innovación y modernidad en su restaurante El Bohío (Illescas, Toledo). Allí practica una cocina de producto revitalizando el aprecio por las carnes y la casquería.

— https://www.elbohio.net/

- Los hermanos Padrón: Juan Carlos y Jonathan Padrón practican una cocina canaria renovada, en la que priman los productos marinos fusionados con otros del campo canario sin renunciar a ingredientes y técnicas foráneas dando a su estilo un toque muy sofisticado en el restaurante El Rincón de Juan Carlos (Adeje, Tenerife).

— https://web.elrincondejuancarlos.com/

- Paco Roncero: aparte de su labor como cocinero de restaurante, en su establecimiento apuesta por la revisión y actualización de los pinchos y tapas. Es uno de los mayores difusores de la micrococina de autor. Actualmente desarrolla su labor en Paco Roncero Restaurante, alternándola con experiencias en *catering* y establecimientos como Estado Puro.

— https://www.pacoroncerorestaurante.com/es/

- Dabiz Muñoz: cocinero madrileño especializado en la fusión de técnicas y productos provenientes de varias gastronomías del mundo en DiverXO o RaviXO.

— https://diverxo.com/

- Heston Blumenthal: adaptador en el Reino Unido de las enseñanzas de Adriá, Harold McGee y Hervé This, introduciendo la cocina tecnoemocional, y el uso de las nuevas tecnologías en la culinaria británica en The Fat Duck.

— https://thefatduck.co.uk/

- Gastón Acurio: cocinero peruano, innovador en la fusión de la tradición culinaria de Perú con las técnicas modernas y más innovadoras en Astrid y Gastón y en otros restaurantes.

— https://acuriorestaurantes.net/

- Alex Atala: el gran reformador de la cocina brasileña. Adapta la cocina fusión y de autor a los productos tradicionales brasileños (frutas, hortalizas, carnes, pescados, etc.) en D.O.M. y otros restaurantes.

— https://fru.to/es/palestrante/alex-atala-es/

1.10.3. La deconstrucción y otras técnicas nuevas, como esferificaciones, espumas, sifones, aires y otras

DECONSTRUCCIÓN

El concepto en el que se basa la deconstrucción no es el cambio de los ingredientes de un plato, ya que no se busca hacer un plato nuevo, sino que es el dar un punto de vista distinto a la elaboración, bien sea desde la presentación como desde el concepto.

Debemos partir, para explicar este concepto, del hecho de que la originalidad y la creación son las principales características de la cocina de autor, así que es lícito buscar el mismo resultado utilizando técnicas distintas.

Para poder entenderlo mejor, se puede observar una tortilla española o de patata; en este caso entendemos por deconstrucción la separación de cada uno de los elementos utilizados para su elaboración y su reordenación de forma diferente a la tradicional, de manera que creemos en la memoria gustativa del comensal el sabor de la tortilla de patatas tradicional. Este es el caso de la deconstrucción de la tortilla española creada por Adriá, en el que deconstruye el plato presentándolo en copa mediante una espuma de patata, una cebolla glaseada y un sabayón de yema de huevo.

Este estilo se basa en la cocina de la memoria y en la cocina tradicional, y en las nuevas técnicas y filosofías que muestran técnicas, texturas, sabores y sensaciones distintas desde la cocina de autor.

Es importante resaltar que si no hay conocimiento previo del plato, no se logra el objetivo (ni por parte del emisor ni por parte del receptor): si el cocinero o

comensal no conocen o no han probado nunca antes ese plato, las sensaciones no son las esperadas ni las mismas que las que pueda experimentar la persona que conozca su sabor y textura.

ESFERIFICACIÓN

La esferificación (dar forma de esfera) es una técnica culinaria empleada por
Ferran Adrià para elaborar ciertos platos en los que desea imitar una forma y
textura similares a las huevas de pescado o caviar.

Básicamente se trata de encapsular líquidos, o alimentos licuados, dándoles
textura de gelatina, haciendo que los sabores aparezcan de forma repentina en
la boca.

Esta técnica fue empleada tradicionalmente en la industria alimentaria (aceitunas rellenas, p. ej.), extendiéndose desde finales de los años noventa a la alta

cocina o cocina de autor en la preparación de diversos géneros o elaboraciones (generalmente líquidos) como vinos y destilados, zumos de frutas, jugos de carne, verduras, etcétera.

Con esta técnica podemos obtener: caviar de *brandy,* caviar de manzana, caviar de tinta, caviar de oporto, caviar de té, caviar de café, de vino, de consomé, etcétera.

La técnica consiste en aplicar un espesante natural procedente de las algas pardas denominado alginato sódico (E-401) y cloruro cálcico (E-509) en determinadas proporciones para producir una gelificación parcial del líquido, y que este acabe poseyendo diversas formas, moldeadas según la pipeta o molde deseado.

Para esto, se disuelve el alginato en el líquido (en proporción variable en función del resultado buscado), al tiempo que se elabora una disolución de cloruro cálcico en agua.

La técnica para realizar formas de aspecto similar a las huevas o caviar consiste en disponer esa mezcla de alginato y líquido en diversos recipientes, como jeringuillas o pipetas (bolitas), etc., y verter poco a poco esas gotas sobre la disolución de cloruro cálcico.

Cuando entra en contacto la disolución con el alginato, la superficie del líquido se gelatiniza, provocando el encapsulado del líquido en forma de esferas.

El alginato cálcico debe tener una acidez lo más cercana al pH 6 para que gelatinice. A veces, para solucionar esa falta de un pH adecuado, el líquido se acidifica de manera artificial (añadiendo citrato de sodio E-331). En otras ocasiones, podemos producir el mismo efecto empleando goma xantana o agar-agar (E-406).

Podemos clasificar el proceso de esferificación en dos categorías (en función del género a esferificar):

> • **Esferificación básica o directa**: consiste en aplicar el alginato al líquido que queremos esferificar y que mediante la acción de la disolución del cloruro cálcico produce la gelificación y la forma de esfera. Las esferas deben servirse inmediatamente, ya que el proceso de gelificación continúa, llegando a endurecerse totalmente. No funciona con líquidos con pH inferior a 5 o que contengan calcio.
>
> En resumen: alginato sódico + líquido se introduce en disolución de cloruro cálcico.

- **Esferificación inversa**: se define como la aplicación inversa de la anterior; si el líquido que se desea esferificar contiene calcio (por regla general cualquier lácteo), alcohol o acidez, en ese caso se sumerge en una disolución de alginato. Pero si el líquido no posee calcio y se le añade gluconolactato de calcio, puede procederse de igual forma mediante este proceso inverso.

  En este caso no continúa la gelificación, con lo cual las esferas pueden conservarse tras ser escurridas en agua.

  En resumen: gluconolactato de calcio + líquido se introduce en disolución de alginato.

ESPESANTES

Los espesantes son ingredientes básicos en la cocina, utilizados para texturizar salsas, cremas, sopas, etcétera.

A los espesantes tradicionales (harinas, almidones) se le suman en la actualidad los obtenidos a partir de almidones modificados.

Entre las ventajas de estos nuevos productos están el que no aportan sabor ni aroma, con lo que se obtienen sabores más puros en las elaboraciones. Nos encontramos así con varios productos:

- **Goma xantana**: obtenida de la fermentación del almidón de maíz, su uso, además de como espesante, se dirige a la estabilización de espumas, emulsiones y helados. Aparte de no aportar sabor ni aroma, no cambia el color del líquido y actúa tanto en frío como en caliente. Se emplea sobre todo en la elaboración de *coulis* de frutas que pierden color y sabor con el calentamiento.

- **Goma arábiga**: obtenida del árbol de la acacia, se utiliza para dar flexibilidad al caramelo y como espesante en sopas y salsas.

- **Goma garrofi**: obtenida de la semilla del algarrobo, se utiliza como espesante de lácteos, o bien como gelificante en combinación con xantana o carragenatos.

- **Goma konjac**: se trata de un almidón obtenido de la raíz de konjac y muy utilizado en la cocina asiática.

- **Pectina**: es un polisacárido de origen vegetal que actúa como espesante utilizándola en caliente en combinación con azúcar y ácido.

GELIFICACIÓN

Por gelificación entendemos la texturización de líquidos mediante la adición de ciertas sustancias con capacidad aglutinante.

Estas sustancias dan textura al líquido mediante la formación de un gel. En los últimos años, se han incorporado a la cocina una gran variedad de gelificantes, lo que ha ampliado nuestras posibilidades de forma considerable.

Así, hoy podemos encontrar desde los más tradicionales como la gelatina y la pectina, a algunos más novedosos como el agar, la goma gellan, el alginato, la metilcelulosa o los carragenatos.

- La **gelatina** es una proteína obtenida del colágeno contenido en huesos, pieles y tendones de los animales (se obtiene mediante cocción prolongada de los mismos).

  En el mercado podemos encontrarla en hojas o en polvo y se utiliza para dar textura a cremas, postres, espumas, etcétera.

  Su uso incluye el hervido con el líquido o grasa que se desee texturizar (en cantidad suficiente para lograr la textura deseada) y su enfriamiento posterior.

- El **agar** o **agar-agar** es un polímero (sustancia compuesta formada por la unión de varias moléculas diferentes) que tiene su origen en algunas especies de algas rojas de los géneros *Gelidium, Eucheuma* y *Gracilaria*, entre otras.

  Este gelificante se utiliza en Oriente desde hace más de trescientos años y su uso en la industria alimentaria está ampliamente extendido como estabilizante para helados y para dar textura a sopas, postres, etcétera.

  El agar forma geles duros y quebradizos que resisten temperaturas de hasta 80 °C. Esta característica hizo posible que, en 1998, Ferran Adrià crease la primera «gelatina caliente». También se utiliza para la elaboración de velos (finas láminas de líquidos que decoran y saborizan una elaboración).

  Utilización

  Se vierte el polvo de agar-agar sobre el agua y se agita hasta su completa dispersión. Se calienta hasta la ebullición y se agita para que se diluya completamente. Se deja enfriar. Las proporciones son:

  > - Textura muy blanda: 0,8 g/500 ml (0,16 %)
  > - Textura blanda: 1,5 g/500 ml (0,3 %)
  > - Textura dura: 5 g/500 ml (1 %)
  > - Textura muy dura: 7 g/500 ml (1,4 %)

- **Carragenato kappa:** gelificante obtenido de algas rojas, actúa a 60 °C, como el agar.

- **Carragenato iota:** obtenido también de algas rojas, es el gelificante más blando en textura. Se deshace a temperatura ambiente y después se lleva a ebullición a una temperatura mínima de 80 °C, ya que si se enfría no gelifica.

- **Metilcelulosa:** se obtiene de la celulosa vegetal, y gelifica al aplicársele calor. Se disuelve en el líquido a temperatura ambiente y se enfría a 3-4 °C, dándole calor entonces para que gelifique. Si no se le aplica calor, puede actuar como espesante, de forma similar a la xantana.

- **Goma gellan:** es el gelificante que aporta mayor dureza. Se obtiene de manera similar a la goma xantana, por fermentación de los azúcares por la acción de una bacteria (al fermentar el azúcar se crea una sustancia viscosa que se solidifica al añadir un alcohol, después se seca y se pulveriza).

  Se mezcla en frío y se lleva a 80 °C para que gelifique a 60 °C (si no alcanza esta temperatura, se puede utilizar como espesante).

EMPLEO DE LECITINA DE SOJA EN AIRES

Entendemos por aires las emulsiones más o menos estables de ciertos líquidos, utilizados como condimento o saborizante en ciertas elaboraciones.

Estos aires se realizan a partir de la adición al líquido de lecitinas (la más común es la de soja), y su posterior batido para producir la emulsión. Esas lecitinas le dan estabilidad en disoluciones frías (no se pueden hacer aires con lecitina por encima de los 70 ºC).

Hace unos años, podíamos encontrar la lecitina de soja en tiendas de dietética y en ciertos supermercados bajo la forma de pequeños granitos, para añadir a la leche, yogures, cereales, sopas, y salsas. Su sabor es ligeramente dulce y agradable.

La gastronomía molecular o la cocina actual nos ha mostrado el uso de la lecitina de soja como un componente que nos permite realizar presentaciones llamativas y sabrosas como elemento de condimentación (aires de leche de oveja o cabra, de vino, etcétera).

La lecitina de soja en polvo (más refinada) permite incorporar fácilmente aire en una mezcla. Con los líquidos y batidos enérgicamente obtenemos aires de distintos sabores.

MOUSSES Y ESPUMAS

Las espumas y las mousses son emulsiones estables formadas por la dispersión de gas en un elemento más o menos líquido.

Ese gas queda atrapado en forma de burbujas en la solución, dando volumen a la elaboración y aportando una densidad mayor en una mousse que en una espuma. El aporte de gas (preferiblemente óxido nitroso, aunque también se utiliza dióxido de carbono) puede realizarse mediante batido, o bien mediante el uso de sifón.

Estas espumas pueden realizarse sin ayuda de un estabilizante, utilizando ingredientes ricos en grasa o en albúmina (clara de huevo). Podemos encontrarnos así con varios tipos de *mousses* y espumas:

- **A base de albúmina:** se basa en la capacidad aglutinante de la albúmina (proteína) del huevo mezclada con líquidos concentrados o purés y montados en sifón mediante la introducción de gas. El resultado será similar al de la clara montada a punto de nieve.

- **A base de grasa:** en este caso la emulsión se basa en la utilización de grasas como las derivadas de los lácteos (queso, nata, mantequilla) u otras, que como en el caso anterior retienen con gran facilidad el gas introducido, con resultados similares a la chantillí.

- **A base de gelatina:** en este caso se disuelven las hojas de gelatina en un líquido templado (tras su hidratación), se introduce la carga en el sifón con el gas y se deja enfriar a 15 °C para realizar la espuma.

- **A base de agar-agar:** en este caso se utiliza para espumas templadas y calientes utilizando una concentración del 1 %, disolviéndolo a 80 °C, dejándolo reposar. Tras ese reposo, se calienta a 70 °C, se suaviza mediante el uso de una batidora y se introduce en el sifón cargando el gas. Se mantiene para su uso en baño maría a 70 °C.

AGLUTINANTES

Se trata de productos de distinta naturaleza que amalgaman géneros de manera irreversible sin utilizar elementos de ligazón como el huevo, las harinas, etcétera.

Son auténticos «pegamentos» alimentarios con origen en la industria alimentaria (empleo en surimi, fiambres y terrinas industriales, etc.) y de gran uso actualmente en la cocina de autor y creativa.

Nos encontramos así con:

- **Aglutinantes de origen vegetal** como el gelbinder y gelburguer (la diferencia entre ellos es la textura y la temperatura posterior de gelificación), una mezcla de alga parda (alginato) con sulfato de calcio que nos permite estructurar hamburguesas y terrinas de carnes y pescados picados si contienen una parte de agua. Sus características son:

- Dosificación: 1-4 g/100 g de producto que se va a aglutinar.

- Se mezcla con el producto que se desee aglutinar con una espátula de silicona y se deja gelificar en frío durante unas horas.

- Sus aplicaciones más habituales se encuentran en hamburguesas de vegetales, pescados y mariscos, terrinas de frutas, etcétera.

- **Aglutinantes de origen animal,** como la transglutaminasa, que es una enzima de origen animal procedente del plasma y que en este caso actúa sobre las proteínas.

Se utiliza principalmente en terrinas de carne que requieran un loncheado fino, en reconstrucciones de carnes y pescados, etc. Si se añade a gelificantes, hace que su resistencia a altas temperaturas sea mayor.

Puede utilizarse disuelta con la inmersión de los géneros, o espolvoreada sobre los mismos. Sus características son:

- Dosificación:

— Por inmersión: se disuelve en agua muy fría, una parte de producto por cuatro de líquido durante 2 minutos y se añaden los géneros que se desea aglutinar inmediatamente. Se enmoldan o moldean.

— Espolvoreada: recubriendo los géneros que se quieren aglutinar cuando estén muy fríos y presenten humedad. Se moldean y se enmoldan. Estarán aglutinados en 15 minutos.

- Es aconsejable que los preparados reposen en cámara durante 24 horas.

- Pasadas las 24 horas en nevera, esos géneros deben cocinarse para destruir la acción enzimática, ya que se utiliza con pescados, mariscos y carnes en crudo

FRITURAS Y *AIRBAGS*

Nos encontramos también en este tipo de cocina con productos destinados a la fritura que sustituyen a los empanados y masas de frituras tradicionales.

Uno de ellos es el *panko,* migas de pan secas, similares a los copos de cereales, que se convierten en copos o escamas, de origen japonés.

Es mucho más ligero que el pan rallado, da mayor volumen y puede emplearse en frituras, gratinados, etcétera.

Por otra parte, nos encontramos con los *airbags,* un producto originalmente elaborado con corteza de piel de cerdo hervida, deshidratada y presentada en forma de granillo, que al freír multiplica su tamaño por cuatro o cinco, dando al alimento una textura muy crujiente.

Hoy en día podemos encontrar en el mercado *airbags* a partir de trigo, de patata, de pieles de pescados, etcétera.

POLVOS Y TIERRAS A PARTIR DE GRASAS

En este caso se hace referencia a la maltodextrina y a su denominación comercial en cocina, Maltosec.

Se trata de un producto elaborado a partir de almidón de maíz, arroz, de patata, etc., al que se le añaden ácidos o enzimas como la alfa-amilasa bacteriana para descomponerlo.

Es un texturizante soluble en caliente y en frío, que en este caso tiene la capacidad de aglutinar las grasas convirtiéndolas en polvo manipulable, lo que en cocina nos permite realizar polvos y tierras a partir de aceites, e incluso palomitas de aceites si tostamos en sartén.

CRUJIENTES

Los crujientes son un recurso habitual que dota a los platos de un toque original, y que propician los contrastes de texturas en el paladar.

Abundan las recetas de autor con crujientes de hortalizas, frutas, de aceituna, de arroz, de pieles de pescado, de jamón, de queso, etc. Estos crujientes aportan también sabor, volumen y vistosidad al plato.

Se pueden conseguir con cualquier ingrediente, tanto como guarnición de platos con el fin de conseguir una buena combinación de texturas entre los ingredientes como en postres.

- Pueden realizarse mediante fritura, como es el caso de los vegetales, por ejemplo, el crujiente de puerro, de espinaca o de perejil.

- Mediante cocción en horno seco entre Silpat con peso a 80 ºC, como sucede en el caso de las carnes y pieles de pescados (jamón, pieles de ciertos pescados).

- Mediante cocción en horno seco entre Silpat con peso a 80 ºC y algo de azúcar, como sucede en el caso de las frutas (naranja o manzana).

- También pueden realizarse con purés húmedos, mezclándose con miga de pan amasada y en Silpat (de pimentón, de oliva negra).

- Con masas saborizadas y trabajadas en sartén, como los llamados corales.

- En deshidratadoras, controlando la temperatura en función de la naturaleza y grosor de los ingredientes que se van a desecar.

- E incluso a base a queso, triturándolo, extendiéndolo sobre dos Silpat con peso y siguiendo el mismo procedimiento.

Por otra parte, estos crujientes pueden pulverizarse en diferentes calibres, dando lugar a «polvo» o «tierra», que incluso pueden utilizarse como condimento o reforzador de sabores.

MÉTODO *CRU* (CRUDO)

A principios de 2003, el laboratorio de El Bulli observó que al envasar la fruta al vacío en un almíbar ligero se modificaba su estructura física. Ello se debe a que, al hacer el vacío, el líquido penetra en la fruta para ocupar el espacio del aire.

A partir de ahí, dicho procedimiento, llamado ósmosis, se realizó también en todo tipo de frutas y hortalizas. El verdadero secreto está en que el alcohol, el almíbar o el zumo penetren dentro del elemento vegetal, una técnica sencilla y fácil que, para su elaboración, solo necesita una máquina de vacío.

Para elaborar un cóctel de frutas (por ejemplo) con este sistema, se debe disponer de una bolsa de plástico apta para vacío y las frutas en gajos, peladas o sin pelar; dentro de la bolsa añadimos el jarabe. La máquina de vacío se programa a máxima presión y atmósferas, realizando después el vacío. Tras esta acción se deja reposar la bolsa sellada en frío durante unas horas para que el jugo penetre bien en la fruta.

También podemos osmotizar hortalizas ricas en humedad con este método.

MAPA CONCEPTUAL

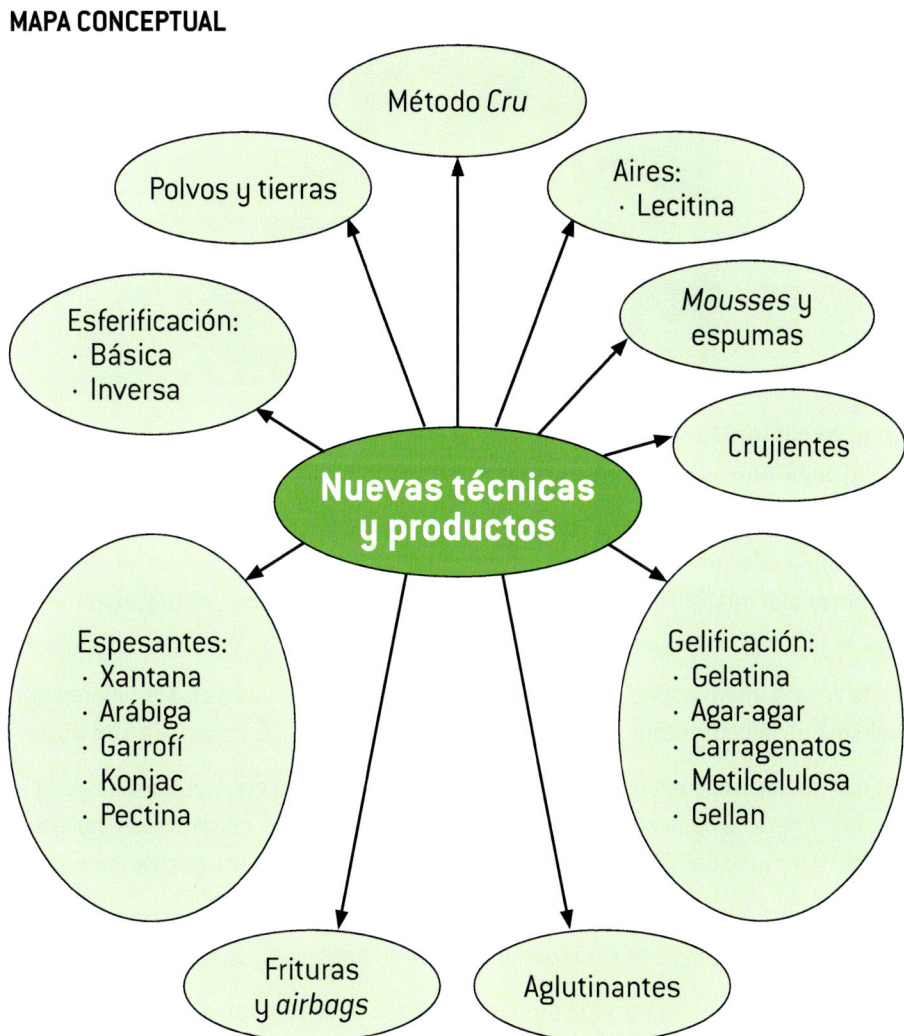

1.10.4. El uso del nitrógeno líquido y la liofilización en cocina

NITRÓGENO LÍQUIDO

El uso del nitrógeno líquido fue popularizado por Ferran Adriá, y tuvo una rápida extensión entre los cocineros practicantes y seguidores de la cocina de autor.

Se trata de un gas noble que consigue los -195 ºC en su punto de ebullición, produciendo una cocción (por frío) de los alimentos con los que contacta.

Se produce transformando en líquido el aire (que contiene un 78 % de nitrógeno) y separando después el nitrógeno por destilación.

Entre sus mayores ventajas se encuentra la de mantener las texturas y condiciones propias del producto, lo que a veces no es posible lograr con otras técnicas. Su potencial deshidratante provoca las mismas reacciones sobre el alimento que la cocción con calor.

En la cocina internacional, algunos de sus máximos defensores y seguidores han sido el británico Heston Blumenthal, el malagueño Dani García, y Ferran Adrià.

Su manera de utilización requiere ciertas precauciones, y con dos formas de operar; la primera se basa en introducir el alimento en un sifón, cargarlo con gas y verter su contenido en nitrógeno, colando la sustancia resultante para su servicio.

La segunda consiste en hacer entrar en contacto, directamente, el género con el nitrógeno, a la manera de una freidora, y retirarlo después de su cocción en frío.

Esta técnica culinaria surgió como respuesta a acciones tan sencillas como introducir ciertos líquidos en el congelador para su consumo, pero en este caso, ya no congelados, sino ultracongelados, conservando las propiedades de los ingredientes y sus principales características organolépticas al reducir al mínimo los cristales de hielo formados durante el proceso de congelación.

La ventaja principal de este método es la velocidad de congelación, pero no la única. En el caso de los postres, este proceso afecta directamente a la textura de muchos de ellos: el ejemplo más claro es el de los helados. Los cristales de hielo que se forman cuando se elabora un helado son más pequeños cuanto más rápida es su congelación, haciendo más cremosa la preparación inicial e impidiendo defectos como la conocida cristalización.

El uso del nitrógeno líquido en cocina, ha permitido a la cocina de autor jugar con los contrastes de temperatura (ya apostaba por los de textura y sabor), aumentando el atractivo de las diferentes elaboraciones, y solucionando problemas que se planteaban durante la concepción de estos platos.

LIOFILIZACIÓN

La liofilización consiste en una deshidratación profunda del alimento. El proceso se realiza mediante una congelación del alimento y la aplicación del vacío para eliminar la humedad del mismo, pasando el hielo de sólido a vapor sin pasar por la fase líquida.

En comparación con otras técnicas tradicionales de deshidratación, resulta más cara y lenta, sin embargo, los productos finales poseen mayor calidad, ya que al no utilizarse temperaturas altas, hay menor pérdida organoléptica y de nutrientes, puesto que el alimento, al final del proceso, mantiene prácticamente todo su volumen, no hay casi pérdida de agua como en una deshidratación mediante calor (uvas pasas, orejones, frutos rojos, etcétera).

Se trata más bien de un proceso industrial, más que doméstico, en el que los alimentos son congelados e introducidos en una cámara de vacío, donde el agua se separa por sublimación.

Se utiliza principalmente para frutas y hortalizas que pueden utilizarse directamente liofilizadas, o bien pulverizadas como condimento.

1.10.5. La cocción a bajas temperaturas y sus principios

COCCIÓN AL VACÍO

Es quizás una de las innovaciones más revolucionarias que ha aparecido en la cocina. Presenta muchas ventajas, quizás una de las más significativas es el bajo coste de la maquinaria necesaria para su utilización, ya que con hornos de uso común en cocina, o bien termostatos *sous-vide,* permite elaborar y conservar numerosas raciones en una sesión de cocinado.

Se trata de una técnica descubierta en los años sesenta del siglo XX y que se popularizó a través de cocineros franceses con el desarrollo de la *nouvelle cuisine.*

La base de la cocina al vacío consiste en introducir un alimento en una bolsa resistente a la cocción, con o sin condimentos o saborizantes, extraer el aire de la bolsa, sellarla y cocer en agua caliente, o bien en horno de vapor.

La temperatura de la cocción puede controlarse bien con un termostato en la cocción en agua, bien especificándola en el programa de cocción del horno si se realiza en vapor. De esta manera, nos encontramos con cocciones al vacío y con cocciones al vacío a baja temperatura.

Las cocciones a baja temperatura son cocciones en horno de vapor o mediante *sous-vide* a temperatura constante y durante un tiempo variable. Generalmente estas temperaturas de cocción se encuentran entre los 60-70 ºC, ligeramente por debajo o por encima de la temperatura de coagulación para mantener sus propiedades y ablandar los géneros. Le sigue un rápido abatimiento de temperatura y conservación, dando lugar así a la «línea de vacío».

Tras la conservación, se pasa a la regeneración del contenido de las bolsas para su servicio.

Dentro de sus grandes ventajas encontramos:

- Poca pérdida de peso en los productos por la retención de los líquidos naturales.
- Ablandamiento más eficaz en las carnes por la contracción del colágeno.
- Conservación de los colores por la no oxidación de los productos.
- Conservación de las vitaminas, minerales y aromas naturales.
- Conservación de productos ya cocinados más prolongada.
- Ahorro de materias primas en confitados, guisos, etcétera.
- Sabores más naturales e intensos.
- Gran higiene y facilidad para trabajar.

Temperaturas más habituales en la cocina al vacío

- Verduras, frutas y hortalizas: 100 °C.
- Pescados, mariscos y patés: 90 °C.
- Carnes blancas, aves y pescados: 80 °C.
- Carnes rojas, asados, salteados: 70 °C.

Aparte de estas cuestiones, debemos seguir ciertos preceptos necesarios para garantizar la calidad en la cocina al vacío:

- La temperatura debe ser idéntica en todos los puntos del recipiente o cámara de cocción, no variando ni más ni menos de un grado.
- El rápido abatimiento de temperatura debe realizarse de manera inmediata tras la cocción, empleando preferentemente un abatidor de temperatura.
- La regeneración del producto debe realizarse dentro de la misma bolsa.
- Una vez regenerado, el producto debe ser consumido, no debe regenerarse de nuevo ni conservarse.

1.10.6. Nuevos utensilios en cocina

Uno de los puntos más importantes dentro de la evolución de la cocina mundial es sin duda el gran desarrollo tecnológico que ha experimentado mucha de la maquinaria primitiva, como también la que se ha desarrollado con el paso de los años.

Además de estos avances, la cercanía entre un punto y otro, gracias a los nuevos medios de transporte, el desarrollo del turismo, el interés por la gastronomía, la aparición de nuevas figuras culinarias ha significado un mayor conocimiento de culturas que antes eran absolutamente ajenas a nuestra idiosincrasia, lo que lleva a obtener nuevos productos, nuevas técnicas de cocción y sobre todo nuevos conceptos, intentando responder a las nuevas expectativas e inquietudes, tanto del cocinero como del comensal.

MICROPROCESADOR DE CONGELADOS

Aunque algunos de sus fabricantes la definan como una procesadora de alimentos que permite triturar y emulsionar los géneros congelados a muy baja temperatura, su uso en restaurantes de cocina creativa y de autor se dirige a utilizarla como sorbetera para los helados (dulces y salados) elaborados por los practicantes de este tipo de cocina, solucionando el problema de la cristalización y falta de untuosidad en las preparaciones.

Su denominación, que partió de su nombre comercial, es Pacojet.

Su característica principal es triturar y emulsionar alimentos que están congelados a muy bajas temperaturas y todo esto en solo una operación, sin tener que esperar ni descongelar el alimento, lo que supone una gran ventaja en heladería. El resultado que se obtiene resulta impresionante tomando en cuenta que el producto que se transforma o se emulsiona está totalmente congelado. El producto obtiene así una suavidad y cremosidad que no podríamos darle de otra forma.

Es utilizada básicamente para realizar sorbetes o helados, pero también se utiliza en la confección de algunas salsas, montado de nata y cremas a base de ella, rellenos o cremas, en muy poco tiempo.

Otro tipo de uso, experimentado y desarrollado por Ferran Adrià, progresando en unos de sus pocos defectos, es que, al emulsionar productos con alto porcentaje de grasa o con falta de azúcar, se puede obtener una textura especial (similar a micropartículas de hielo) conocida como «polvo helado».

Para su uso, el producto suele almacenarse en recipientes de unos 800 g, tamaño que los hace idóneos para elaborar o procesar los alimentos elaborados, elaborando las porciones necesarias para el consumo y la generación al momento. No se trata de cantidades demasiado grandes para adaptarlas a los servicios, con lo cual se permite un máximo de diez, evitando procesos de descongelación innecesarios.

El funcionamiento de la Pacojet se basa en unas cuchillas de materiales muy resistentes, que trituran el alimento congelado, emulsionándolo al mismo tiempo. Estas cuchillas siguen un movimiento de arriba abajo, mediante la presión que se efectúa sobre el alimento congelado, obteniendo la cantidad necesaria para una ración o las que le sean programadas. Por esta razón, es muy importante que los alimentos se encuentren a una temperatura de entre -18 ºC y -22 ºC, ya que en el caso contrario, las cuchillas continuarán bajando si el alimento se encuentra muy blando, o no podrá triturarlo en el caso de que estuviera muy duro, alterando el resultado final. Cuando termina la operación, y por el efecto de creación de calor mediante el roce y la introducción de aire, el producto final resultará a una temperatura entre los -3 ºC y los -8 ºC.

Las cuchillas con las que la Pacojet efectúa el trabajo, pueden ser de dos o cuatro aspas, en función del alimento que se desee triturar. Con la de cuatro aspas, se obtienen, evidentemente, resultados más finos que con la de dos, por la mayor ruptura y oxigenación. Además de esas cuchillas, Pacojet consta de un disco que se utiliza para montar nata o claras de huevo.

ENVASADORA DE VACÍO

La envasadora de vacío se ha conformado como uno de los grandes instrumentos utilizados en la cocina creativa y de autor, tanto por su utilización como método de conservación de géneros crudos y elaboraciones, como en su uso en la cocina al vacío.

La conservación de los alimentos siempre ha sido una preocupación de los humanos en general y de los cocineros en particular, al menos la conservación en óptimas condiciones para el consumo, sin mermas en la calidad del género ni producto final, durante el mayor tiempo posible.

De entre todos esos métodos, tradicionales y actuales, una de las mejores opciones para la conservación de productos en las mejores condiciones posibles. Los alimentos se alteran o descomponen porque existen ciertas condiciones necesarias para que los microorganismos se reproduzcan, como son:

- Una temperatura adecuada, en torno a los 30-37 °C.

- Un alimento propicio, rico en grasa, proteína y humedad.

- Una humedad alta, que favorezca el desarrollo microbiano.

- Una acidez o alcalinidad que favorezcan las distintas alteraciones.

- La presencia de oxígeno, que favorece el desarrollo de hongos o la oxidación y enranciamiento de las grasas.

El vacío es un método de conservación por aislamiento del aire, en torno a un 99 % en el producto, y basado en la ausencia o la sustitución de ese aire u oxígeno por gases inertes. De esta forma se evita la reproducción de los microorganismos y el desarrollo de mohos.

Los alimentos se disponen en bolsas especiales a base de diversos plásticos, y se colocan dentro de la máquina, cerrándola y comenzando el proceso de vacío de todo el aire existente (hasta un 99 %), tanto en el alimento como en la bolsa, para que una vez sea completado el proceso, se cierre la bolsa sellándola herméticamente mediante calor.

De este principio surge la conservación al vacío (ausencia de aire), pero al mismo tiempo, evitamos que se produzca una contaminación bacteriana que pueda existir en el aire, o la contaminación cruzada. Además, el alimento casi no sufrirá oxidación, ya que no existe presencia de oxígeno.

Si a esto se le añade el uso de cámaras frigoríficas o congeladoras, según el caso, estamos consiguiendo un proceso de conservación casi perfecto, ya que los alimentos no se queman por exceso de frío, ni adquieren olores extraños, ni se resecan por el oxígeno (que se utiliza en todas las cámaras tanto frigoríficas como congeladoras). Por otra parte, la reproducción microbiana es mucho más lenta a bajas temperaturas.

La conservación al vacío ha sido sin duda un gran avance, sobre todo en relación con la cocción al vacío.

HORNOS MULTIFUNCIÓN

Hace ya unos años aparecieron los hornos de convección (aire caliente) que en cierto modo pasaron a reemplazar a los hornos de gas. Un buen tiempo después aparecen los hornos a vapor, una evolución de la vaporera de bambú originaria de oriente, con la cual se obtenían muy buenos resultados en cocción de verduras y pescados.

Hoy nos encontramos con los hornos mixtos, que son, además de dos hornos en uno (ya que funcionan con aire caliente —convección—, o vapor); básicamente, un horno mixto, combina el calor seco con el calor húmedo.

Y como un paso más, los hornos multifunción, un equipamiento hoy casi indispensable en cocina. Entre sus características y ventajas se encuentran:

- La flexibilidad: permiten cocinar en un mismo espacio, y al mismo tiempo, diferentes categorías de alimentos.

- Son enormemente precisos en el cocinado de los alimentos al ajustar temperatura, humedad, circulación del aire y tiempo en diferentes categorías de alimentos.

- Tienen varios programas de cocinado para cada categoría de alimentos.

- Pueden programarse desde dispositivos móviles.

- Pueden aplicar numerosas técnicas de cocción.

- Extraen la humedad de la cámara para adaptarse a las condiciones de cocción programadas.

- Son autónomos en el cocinado de cada bandeja.

- Tienen función de ahumado.

- Su limpieza y descalcificación son automáticas.

Estos hornos han revolucionado, sobre todo el sistema de *catering* (ya que han facilitado la regeneración y puesta a punto de las elaboraciones), pero también han aportado mucho al área de restaurante o alta cocina, ya que ofrecen muchas facilidades y además permiten elegir la función de combinar el tipo de calor que se le aplica al alimento.

Por esa misma razón, ofrecen una nueva vía al cocinero en cuanto a la aplicación de los tipos de cocción en función del resultado final que se desee obtener.

Estos hornos han simplificado la vida y funcionamiento de muchas cocinas, siendo básicos en los procesos de línea de vacío. Se convierten así en una inversión que, a largo plazo, se amortiza, debido a que se ahorra en materias primas (disminución en la pérdida de volumen), como también en personal.

KAMADO

El *kamado* es una barbacoa cerámica de origen japonés con forma de huevo utilizada en los últimos años para asar y ahumar alimentos.

Su principal ventaja es su versatilidad, ya que permite cocinar en un rango muy amplio de temperaturas, desde las más bajas hasta las más altas, permitiendo, de esta manera asar, guisar, rustir y/o ahumar los alimentos.

En los últimos años está experimentando un gran auge en las cocinas de los restaurantes más actuales y prestigiosos, integrándose incluso en el diseño de las nuevas cocinas.

Los comercializados en la actualidad son una versión perfeccionada de los *kamados* tradicionales e incluyen diferentes mejoras que incrementan su solidez y optimizan su rendimiento.

Entre ellas, se cuentan algunas como la sustitución del barro empleado antiguamente para su fabricación por compuestos cerámicos más modernos y resistentes, la introducción de diversos elementos inexistentes en los antiguos *kamados*, como las juntas de sellado entre el cuerpo del *kamado* y la cúpula del mismo que evitan la fuga del calor y ahorran combustible, termómetros integrados para llevar un control minucioso de la temperatura y deflectores cerámicos que disipan el calor y lo distribuyen uniformemente posibilitando el cocinado de los alimentos con fuego indirecto.

ROBOTS DE COCINA

Son máquinas obtenidas mediante el desarrollo de las antiguas licuadoras, batidoras y procesadoras de alimentos, integrando varias máquinas en una sola.

Los primeros modelos en aparecer en el mercado ofrecían funciones como báscula, velocidades más lentas para cocer sin triturar y un vaso de mayor tamaño.

Su diseño estaba pensado para realizar la confección de comidas sin utilizar otros utensilios, al modo de un robot de cocina, mediante un sistema de control de temperatura de hasta 100 ºC.

En cocina de autor, sus usos principales son:

> • Pulverizar o triturar alimentos de gran dureza.
>
> • Confitados y emulsionados a temperaturas constantes.
>
> • Elaboración de salsas y cremas de fácil cortado.
>
> • Elaboración de diversas masas.

Su diseño es relativamente sencillo, consta de cuatro cuchillas, dos que cortan el alimento en la parte inferior, y dos que cortan los alimentos que se encuentran en la parte superior.

Debido a las altas revoluciones a las que funciona, el alimento, al ser triturado con las cuchillas inferiores, se eleva por los bordes del recipiente o vaso para caer de nuevo al fondo, de manera que las cuchillas que cortan los géneros en la parte superior, lo van cortando también. De esta forma, alimentos que contienen piel (frutas, hortalizas, etc.), al ser triturados, no es necesario que sean tamizados o pasados por colador, manteniendo en mayor grado sus vitaminas y minerales, y conservando mucho más el color y sabor.

SOUS-VIDE

Es un aparato de gran simplicidad, basado en un termostato (control de temperatura) y una hélice que reparte el calor entre el líquido. Es similar a un baño maría, con la salvedad de que la temperatura es regulable: esto posibilita controlar la temperatura de la cocción a lo largo del proceso, permitiendo realizar cocciones al vacío.

Este aparato fue ingeniado por Joan Roca, de El Celler de Can Roca, y Narcís Caner, de La Fonda Caner, de ahí el nombre del primer diseño (Ro-Ner).

Nació en un principio con el fin de lograr una cocción del bacalao a una temperatura baja y constante, de manera que se permitiese conservar su textura y características gelatinosas de la mejor forma posible, para darle un acabado perfecto en elaboraciones de pilpil. El *sous-vide* se trata de una mezcla entre un baño maría y una vaporera, con mayor precisión.

Este útil se adapta perfectamente a diversos recipientes de cocina; consta de una resistencia para calentar el agua, un termómetro para medir la temperatura durante el proceso de cocción y una bomba o aspa para que el agua vaya circulando durante esa cocción repartiendo la temperatura de manera homogénea.

Esto permite mantener el agua de todo el recipiente que se está ocupando a la misma temperatura y así conseguir una cocción homogénea del producto.

Sus aplicaciones pueden ser las siguientes:

- Cocciones de productos envasados al vacío (carnes, pescados, aves, verduras, terrinas, patés, conservas, etcétera).

- Pasteurización (85 ºC) de elaboraciones ya cocinadas con técnicas tradicionales.

- Regeneración térmica de elaboraciones acabadas y envasadas al vacío.

En lo referente a regeneración, es muy parecido a una vaporera o un horno mixto. Sí es cierto que es mucho más preciso que estos instrumentos en cocciones al vacío, pero también se hace necesaria una máquina envasadora de vacío, ya que el 100 % de todos los productos que se elaboran con este termostato deben ir envasados, de lo contrario se pierden todas las cualidades de la cocción, o bien se desaprovecha el potencial del mismo.

SIFÓN

El sifón es sin duda uno de los conceptos más innovadores de los que se ha alimentado la cocina de autor. Su antecedente más cercano es el sifón de soda tradicional, que emulsionaba agua mineral y gas.

Partiendo de esa base, aparecen los nuevos sifones, que permiten emulsionar líquidos mezclados con gelatinas, o bien grasas que son susceptibles de ser convertidas en *mousses* o espumas.

Se trata de un instrumento hermético, en el que se introduce el líquido que se desea emulsionar y el gas. Para su uso correcto, debe enfriarse y batirse para su utilización posterior.

La clave de las distintas elaboraciones se encuentra en la combinación correcta del gas (N_2O o CO_2), el líquido escogido y la gelatina, salvo en el caso de las natas y claras de huevo, que por su contenido en grasa, no necesitan gelatina o necesitan muy poca cantidad.

Su uso principal se encuentra en las *mousses* o espumas, tanto frías como calientes (gracias al agar-agar), pero también se puede utilizar para emulsionar salsas o purés.

Una de las características más apreciadas del sifón es que, debido al cambio de la nata por la gelatina como elemento emulsionante, los sabores permanecen intactos y mucho más naturales.

Además de la gelatina y las natas, también se pueden utilizar claras y yemas. En resumen, debido a la facilidad de uso de este nuevo elemento de la cocina, el abanico de posibles aplicaciones solo se limita a la imaginación de cada cocinero.

COCKTAILMASTER

El aceite y el vinagre son el más claro ejemplo de lo que el Cocktailmaster puede hacer con los líquidos.

Este aparato permite emulsionar y mezclar sustancias que poseen una distinta densidad.

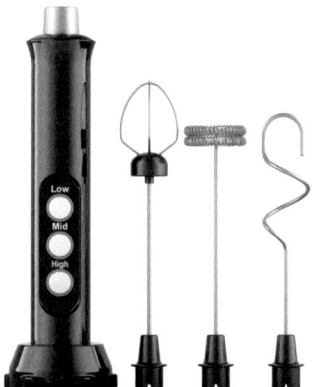

Nació con el fin de ser empleado principalmente en coctelería, para darle una mayor vistosidad a los distintos cócteles; jugando con los colores de las distintas bebidas, y actualmente, se ha incorporado a la cocina para ofrecer cremas, sopas o caldos en un formato distinto, ya que además no produce complicaciones en el momento de mezclar líquidos de distintas temperaturas.

El Cocktailmaster nos permite formar capas de cremas o sopas en distintos niveles: como regla general, los fluidos de mayor densidad (más azucarados o con pulpa) deberán disponerse en la parte inferior, y los de menor densidad (más aguados o con más alcohol) arriba. Su uso pertenece prácticamente en exclusiva a la cocina dulce, aunque cada vez es más empleado en la salada, sobre todo en la texturización de cremas y sopas.

Para su uso, debemos tener en cuenta que también se le puede modificar la densidad a los líquidos añadiéndoles más azúcar o reduciéndolos (mediante calentamiento), o sea:

- Cuanto más frío y más azucarado, el líquido será más denso.
- Cuanto más caliente y con mayor cantidad de alcohol, el líquido será menos denso.

MICROBOLEADOR

El microboleador no es más que una cuchara de helado o sacabocados reducida a su mínimo diámetro.

Este instrumento nos permite obtener bolitas de unos 5 mm de diámetro del producto que se desee, siempre y cuando ese producto tenga la consistencia adecuada.

En algunos establecimientos es utilizado para vaciar algunos productos sin hacer una incisión demasiado grande, para luego rellenarlos.

En otros casos, se utiliza para realizar pequeñas bolitas de productos texturizados, con agar-agar, gelatina o carragenatos.

CUENTAGOTAS Y PIPETAS

Como su propio nombre indica, este útil se utiliza para contar gotas de distintos líquidos que se añaden a las diferentes elaboraciones, o bien para la dosificación en esferificaciones.

Su utilización no era específica en cocina (sí en laboratorios), pero ya que la cocina de autor encuentra nuevas vías, fue adoptado por los jóvenes cocineros y se adaptó a la perfección a las nuevas técnicas, preparaciones y presentaciones.

Existen algunas preparaciones que necesitan una exquisita precisión en el momento de agregar un líquido (aceite, vinagre, salsa de soja, productos para esferificar, etc.) y los dosificadores de salsas tradicionales no proporcionaban esta facilidad ni precisión, de manera que la solución más correcta que se encontró fue esta.

La pipeta es muy similar a un cuentagotas; estas se dividen en dos partes: una más gruesa que absorbe, y otra más fina que dosifica, ambas unidas. Unas consisten en una especie de jeringuilla más gruesa, confeccionada en plástico duro y con la parte superior formando otra cápsula de plástico. La idea es sencilla y con un resultado innovador, ya que nos permite realizar, por ejemplo, una brocheta con la salsa incorporada, o bien podríamos realizar una minisopa con su guarnición insertada en la pipeta.

Para rellenarla, solo debemos apretar la parte superior de la cápsula, introduciendo la punta de la pipeta en el líquido con el que se va a rellenar y soltar lentamente, de forma que la cápsula se llene por el efecto de absorción por vacío que produce. En la parte de la pipeta que sería la brocheta, se inserta el ingrediente que se desee para completar la elaboración.

DESHIDRATADOR DE ALIMENTOS

Nos permite secar verduras, frutas, pieles de fruta, carnes, pescados y hierbas aromáticas.

Se trata de generadores de calor cerrados, provistos de bandejas en altura, con un termostato que permite regular la temperatura de secado.

Entre sus ventajas están el preservar el sabor y los nutrientes, y facilita la conservación a largo plazo.

Se utiliza principalmente en la elaboración de crujientes para complementar platos o para pulverizarlos, pudiendo utilizarse como saborizantes.

ESPRAY ATOMIZADOR

Se trata de un vaporizador que funciona como un espray. Tiene la misma forma que un aerosol, lo único que cambia es que este es desmontable.

Su funcionamiento es muy simple: se basa en el bombeado del aire de forma manual, para crear en el interior una presión suficiente, de manera que el líquido salga micropulverizado. Se puede rellenar con cualquier líquido o con mezclas, como la de aceite y vinagre.

Una vez que se le ha bombeado el aire, se puede utilizar durante 10 segundos de forma continuada; para un nuevo uso hay que volver a bombearle aire. Generalmente se utiliza para vaporizar aceites y vinagres, vinos y licores, o aplicarle sal líquida (agua de mar) a las ostras como uso alternativo.

RALLADORES *MICROPLANE*

Son ralladores de distintos calibres que tienen la virtud de dar una consistencia mucho más fina y aérea a los productos gracias a sus cuchillas, de diminuto tamaño, muy afiladas y mucho más delgadas que las comunes.

De esta forma el queso parmesano, *haba tonka,* o frutos secos adquieren una consistencia distinta a la normal, dejando margen para jugar con más alimentos y más texturas según el producto que se utilice.

AHUMADOR

Aunque existen varios modelos, se trata básicamente de una pipa eléctrica sobre la que se disponen virutas de diferentes maderas (olivo, haya, encina, etcétera) haciéndolas arder e impulsando ese humo mediante una hélice haciéndola pasar por un tubo de goma o de plástico hacia una campana o un receptáculo cerrado donde se disponen los alimentos que se desea ahumar.

Se produce un ahumado rápido (casi instantáneo), en frío, que se puede prolongar manteniendo esos alimentos tapados en contacto con el humo.

Se suele utilizar para piezas de pescados grasos, y pequeñas piezas de carnes, mariscos, quesos y hortalizas.

En ocasiones se sirve el plato al cliente cubierto aún con la campana de cristal con el humo y se destapa en la sala, añadiendo así un efecto visual y olfativo en la degustación.

BALANZA DE PRECISIÓN

La balanza de precisión es uno de los accesorios imprescindibles en las cocinas de los profesionales que practican la cocina creativa.

Se utiliza para medir pequeñas cantidades de manera exacta, permitiendo pesar hasta 100 g y determinar el peso de alimentos desde cantidades de apenas 0,01 gramos.

Su función es medir exactamente las cantidades de gelificantes, espesantes u otros agentes que demandan los recetarios de la cocina creativa o de autor.

PREPARACIÓN DE LOS ALIMENTOS Y ELABORACIONES

El termómetro se ha convertido en una herramienta más para los cocineros del siglo xxi. Muchos dicen que la cocina tiene que sentirse, y no prestar siempre atención a los grados de acidez o la temperatura exacta de cada alimento, pero aunque sea cierto, es el cliente el que cada vez se informa y exige más, demandando al mismo tiempo, a los cocineros.

La sobrecocción de los alimentos en las preparaciones era una tónica común a la cocina antigua (antes de la *nouvelle cuisine,* que rompió precisamente con la norma). Con el desarrollo de la cocina y sus técnicas se descubrió que los alimentos no perdían tantas propiedades al cocinarlos al dente (muchos las mantienen, como las hortalizas), o que muchas carnes y pescados resultan más jugosos y tiernos si durante la cocción no se rebasa una cierta temperatura, así la proteína natural de algunos de los alimentos no coagula totalmente o de manera excesivamente rápida (vacío, confitado, etcétera).

Todos estos avances significaron un importante giro y un paso adelante en la cocción de los distintos alimentos.

Los métodos preferidos en este tipo de cocina en la actualidad engloban el confitado, la cocción a baja temperatura y la cocción al vacío, las cocciones al vapor, los asados en horno, plancha y parrilla, las frituras con masas especiales, el ahumado, las reducciones de jugos, los guisos y estofados aligerados o combinados con otros tipos de cocciones, etcétera.

1.11. Platos españoles más representativos

En este apartado, se incluyen tanto los platos de cocina de autor más tradicionales, como los de los nuevos creadores (incluyendo la micrococina, ese apartado por el que parece evolucionar la cocina de autor).

Se trata de una pequeña muestra que necesita ser actualizada de forma permanente, debido a los avances técnicos y a la creatividad de los chefs, en constante evolución.

TORTILLA DE PATATAS DECONSTRUIDA, de Ferran Adrià (El Bulli)

Ingredientes:

- Para el sabayón:
  - 80 ml de agua
  - Sal fina
  - Yema pasteurizada
- Para la cebolla:
  - Sal fina
  - 1 kg de cebollas peladas
  - Aceite de oliva de 0,4º

- Para la espuma de patata:
  - 1 l de agua de cocción de la patata
  - 250 ml de nata líquida
  - 1 kg de patatas nuevas
  - Aceite de oliva virgen

Elaboración:

- Para el sabayón de huevo:
  - Disponer la yema en un bol, batirla con unas varillas de mano e ir incorporando el agua hirviendo en forma de hilo.
  - Batir enérgicamente hasta que emulsione y poner al punto de sal.
- Para la cebolla:
  - Pelar las cebollas, partir en cuartos y cortar en juliana bien fina.
  - Rehogar la cebolla junto con el aceite de 0,4º y remover continuamente hasta que coja un color dorado.
  - Escurrir el exceso de aceite y desgrasar con un poco de agua. Cocer hasta evaporar.

- Repetir la operación hasta conseguir una textura y un color de confitura caramelizada.
- Poner al punto de sal y reservar.

• Para la espuma de patata:

- Pelar, cortar y hervir las patatas con agua y sal partiendo de líquido frío durante unos 30 minutos.
- Una vez terminada la cocción, se escurren las patatas y se reserva el agua de cocerlas.
- Disponer la patata cocida y 100 g de agua de la cocción en un robot de cocina a 60 °C.
- Triturar e ir añadiendo poco a poco la nata, siguiendo el mismo procedimiento con el aceite hasta emulsionar finamente y de manera homogénea.
- Poner al punto de sal.
- Colar el puré y rellenar con él el sifón, con ayuda de un embudo.
- Cargar el sifón y mantener en baño maría a 70 °C aproximadamente.

Terminación:

• En la parte inferior de una copa de cóctel, disponer un poco de cebolla caramelizada muy caliente.

• Encima, colocar una capa de sabayón de huevo y otra de espuma de patata.

• Decorar con un cordón de aceite de oliva.

RAVIOLIS CARAMELIZADOS CON MANGO, de Ferran Adrià (El Bulli)

Ingredientes:

• Preparado de mango:
  - 1,3 g de citrato de sodio
  - 250 g de agua
  - 1,8 g de alginato de sodio
  - 250 g de puré de mango

• Cloruro de calcio:
  - 6,5 g de cloruro de calcio
  - 1 l de agua

• Salsa vinagreta picante:
  - 2,5 g de pimienta rosa
  - 5 g de mostaza en polvo
  - 5 g de anís estrellado
  - 5 g de semillas de sésamo blanco
  - 15 g de aceite de girasol

- Barquillo de caramelo neutro:
  - 100 g de *fondant*
  - 50 g de glucosa
  - 5 g de pulpa de vaina de vainilla
  - *Brunoise* de cáscara de limón, para decorar
  - Sal Maldon
  - 50 g de isomalt (isomaltitol o isomaltosa hidrogenada; es un sustituto del azúcar, no un nuevo azúcar, que se fabrica a partir de la remolacha azucarera)

Elaboración:

- Para el preparado de mango:
  - Disolver el citrato de sodio en el agua con la ayuda de una licuadora.
  - Añadir el alginato de sodio y mezclar bien.
  - Poner la mezcla a hervir, removiendo constantemente. Dejar enfriar a temperatura ambiente. Añadir el puré de mango y mezclar bien.
  - Reservar a temperatura ambiente.
- Para el cloruro de calcio:
  - Mezclar el cloruro de calcio con el agua con una batidora. Mantenerlo refrigerado.
- Para la vinagreta picante:
  - Aplastar y triturar la pimienta, mostaza, anís verde y blanco, semillas de sésamo en un polvo homogéneo.
  - Mezclar estas especias en polvo con el aceite de girasol y la pulpa de vainilla. Reservar.
- Para el barquillo de caramelo:
  - Calentar el *fondant* y la glucosa en una cacerola, removiendo hasta que se disuelva completamente. Añadir el isomalt y cocinar a fuego medio a 320 °F (160 °C).
  - Quitar del fuego y emplear la mezcla en papel de hornear, extendiéndolo para formar hojas de un 1-2 cm de espesor. Cortar la hoja en cinco piezas de 5 cm.
  - Preparar dos hojas de Silpat (Silpat es una hoja de caucho siliconado reforzada con tela, que suprime el engrasado de bandejas) para hornear en una placa de horno y colocar un trozo de caramelo entre ellas. Hornear a 338 °F (170 °C).

- Colocar los cuadrados de caramelo entre dos hojas de Silpat en una bandeja de horno y hornear durante 5 minutos hasta que el caramelo se haya ablandado.
- Enrollar el caramelo en láminas muy finas con un rodillo.
- Colocar el barquillo en papel para hornear trabajando en la misma bandeja, cortándolo en porciones de 3×3 cm. Si el caramelo se enfría, volver al horno durante un minuto para ablandar y volver a cortar.

Terminación:

• Con una cuchara redonda, hacer bolas de 18 g con el preparado de mango de un diámetro de 2 centímetros.

• Cocinar los raviolis de mango durante 2 minutos en la mezcla de cloruro de calcio.

• Retirar los raviolis de mango del cloruro de calcio y enjuagar bajo agua fría.

• Escurrir y secar sobre toallas de papel absorbente, teniendo cuidado de no romper, ya que son muy frágiles.

• Disponer diez raviolis en un hoja Silpat de hornear.

• Colocar un barquillo de caramelo encima de cada ravioli y aplicar calor con una *blowlamp* (un soplete de cocina), con el fin de que el caramelo se funda en torno a la forma del ravioli. Y volver a repetir.

• Colocar un ravioli caramelizado y un ravioli no caramelizado en cucharas chinas.

• Añadir 2 gotas de vinagreta picante, diez cubitos cortados en *brunoise* de cáscara de limón y unos cristales de sal Maldon sobre cada ravioli. Servir.

CAIPIRINHA DE ESTRAGÓN HELADO, de Ferran Adrià (El Bulli)

Ingredientes:

• Para el agua de estragón:
   - 75 g de hojas de estragón
   - 50 cl de agua

• Para la pastilla helada de *caipirinha* o caipiriña:
   - 6,5 cl de agua de estragón
   - 8 cl de ron blanco
   - 10 cl de zumo de limón
   - 9 cl de agua
   - 75 g de azúcar

Elaboración:

- Para el agua de estragón:

  - Hervimos agua y escaldamos las hojas de estragón durante 10 segundos.

  - Tamizamos y llevamos a choque térmico.

  - Nuevamente tamizamos y sumergimos en el agua (7,5 cl) en el que hemos refrescado el estragón. Tamizamos y reservamos.

- Para la pastilla helada de caipiriña:

  - Todos los ingredientes deben estar bien fríos. Mezclamos.

  - En moldes rectangulares disponemos la preparación, llevamos a congelación a -20 ºC.

Terminación:

- Desmoldamos con mucho cuidado las pastillas, servimos en una fuente helada sobre el agua de estragón.

VIEIRAS CON LIMÓN Y *BEL AIR COULIS* DE PIMIENTO, de Ferran Adrià (El Bulli)

Ingredientes:

- Aire de limón:
  - 350 g de zumo de limón
  - 250 g de agua muy fría
  - 3 g de lecitina (polvo)
- *Coulis* de pimiento:
  - 1 pimiento
  - 1 cucharada de crema agria
  - ½ cucharada de aceite de oliva virgen extra
  - Sal
  - Pimienta
  - 1 cucharada de perejil
- Para preparar las vieiras:
  - 6 vieiras frescas
  - 1 cucharada de mantequilla baja en sal
  - 1 cucharada de aceite de girasol
  - Pizca de perejil

- Para preparar las chalotas:
  - 10 chalotas
  - 1 cucharada y media de mantequilla baja en sal
  - 1 cucharada y media de aceite de oliva virgen extra
  - Media taza de caldo de carne de ternera
  - Pimienta molida
  - Sal
  - 1 hoja de laurel
  - 1 rama de tomillo
  - 2 ramitas de perejil

Elaboración:

- Estofar las chalotas. En una sartén grande calentar el aceite y la mantequilla y, cuando esté caliente, añadir las chalotas. Saltear 15 minutos. Verter el caldo y agregar la pimienta, sal y hierbas al gusto. Cubrir.

- Dejar hervir a fuego bajo unos 50 minutos, hasta que no quede líquido y las chalotas estén tiernas. Batir, para la mezcla de aire de limón, los ingredientes todos juntos. Es muy importante que estén fríos todos los ingredientes. Disponer en el frigorífico hasta que todo el plato esté listo.

- Cortar el pimiento a tiras y saltear con muy poco aceite en la sartén muy caliente hasta que esté blando. Licuar todos los ingredientes y colarlo en un recipiente aparte. Dorar las vieiras en una sartén con mantequilla y fuego alto.

- Agregar la sal y el aceite de girasol. No echar las vieiras hasta que la sartén no esté muy caliente. Voltear las vieiras, 2 minutos por lado. Mientras se terminan las vieiras, preparar el aire de limón.

- El aire de limón se prepara levantando la batidora hasta la superficie del recipiente de la batidora. Solo que rocen las cuchillas. Cuando forme mucha espuma se deja reposar y con una espumadera se sirve.

Terminación:

- Retirar las vieiras de la sartén, emplatar sobre el *coulis* de pimiento.
- Decorar el plato con el aire de limón a un lado, las chalotas y el perejil.

CIVET DE CONEJO CON GELATINA CALIENTE DE MANZANA, de Ferran Adrià (El Bulli)

Ingredientes:

- 4 espalditas de conejo (150 g c/u.)
- 100 g de zanahoria troceada
- 100 g de puerro troceado
- 250 g de cebolla troceada
- 2 hojas de laurel
- 2 ramitas de tomillo
- 2 ramitas de romero
- Rama de canela
- 8 g pimienta negra en grano picada
- 6 bayas de enebro molidas
- 1 cda. de piel de naranja rallada
- 1 cda. de piel de limón rallada
- 1 l de vino tinto
- 250 g de tocineta sin ahumar
- 4 *crépinettes* de cerdo
- 30 ml aceite de oliva
- 30 g azúcar moreno
- 1 cda. de almidón

- Zumo de manzana:
  - 500 g de manzana verde
  - 1,1 g de agar-agar en polvo o gelatina
- 150 g de *foie gras* de pato
- 250 g de vinagre de Cabernet Sauvignon
- 10 g de glucosa
- Cacao en polvo
- 6 g de azúcar moreno
- Enebro molido
- 4 láminas de jengibre escarchado
- 8 hojitas de perifollo fresco
- 8 hojitas de estragón fresco
- 8 hojitas de hinojo fresco

Elaboración:

- En una fuente disponemos las espalditas con verduras, 1 hoja de laurel, 1 ramita de tomillo, 1 ramita de romero, ½ rama de canela, ½ cda. de pimienta negra, 3 bayas de enebro, ½ cda. de ralladura de piel de naranja, ½ cda. de ralladura de piel de limón y el vino tinto. Marinamos durante 36 horas.

- El conejo lo debemos separar del vino tinto y de las verduras, eliminamos las hierbas.

- Salpimentamos las espalditas y las envolvemos en la tocineta (para evitar que se despegue envolvemos con *crépinette* de cerdo), las disponemos en cazuela a fuego muy bajo (debemos tener mucho cuidado para no romper la *crépinette* de cerdo) y las doramos. Retiramos y reservamos.

- En la misma cazuela, agregamos aceite de oliva, las verduras de la marinada, doramos durante 5 minutos y nuevamente agregamos las espalditas.

- Para desangrar el vino de la marinada, lo calentamos a fuego bajo. Vamos espumando cuando la sangre suba a la superficie ya cuajada. Reducimos hasta obtener 200 ml, retiramos del fuego, lo agregamos a las espalditas y verduras.

- Cocemos durante 25 minutos, luego retiramos las espalditas y cocemos 20 minutos más para que el vino se reduzca.

- Haciendo presión contra el cedazo, tamizamos toda la salsa. Cubrimos las espalditas con esa salsa, reservamos en la nevera durante 12 horas.

- De la salsa, retiramos las espalditas y eliminamos la grasa. La salsa la llevamos a reducción ligera por 15 minutos, luego agregamos el azúcar, las hierbas, especias, ralladuras de limón y naranja.

- Tamizamos y ligamos con almidón y dejamos al punto de sal.

- Para el zumo de manzana:

  - Extraemos el corazón a las manzanas, las porcionamos en octavos y durante 5 segundos sumergimos en agua hirviendo, tamizamos y las enfriamos en agua con hielo, hacemos puré de manzana, luego lo reservamos en una fuente larga y estrecha. Para extraer las impurezas más fácilmente, llevamos al congelador para que se solidifiquen.

  - Con una espumadera eliminamos las impurezas y tamizamos. En un cazo tamizamos la cuarta parte del zumo de manzana, el agar-agar en polvo o gelatina. Sin dejar de remover, llevamos a fuego medio a punto de ebullición. Retiramos del fuego, agregamos el zumo restante y espumamos. Disponemos en una fuente que nos permita conseguir 1,5 cm de grosor, reservamos en nevera hasta que cuaje y, por último, porcionamos cuadrados de 2 cm de lado.

- Procesamos el *foie gras* con cinco cucharadas de agua a 70 °C y ponemos al punto de sal. Tamizamos.

- Llevamos a punto de ebullición el vinagre y la glucosa (debe adquirir textura de caramelo líquido), retiramos y reservamos a temperatura ambiente.

Terminación:

- De las espalditas de conejo, retiramos la *crépinette* y la tocineta. Deshuesamos las espalditas (debemos obtener trozos de carne lo más grandes que podamos).

- Eliminamos los huesos. Con un poco de salsa, en sartén a fuego bajo, calentamos el conejo.

- Para evitar que se corte o cuaje la salsa del *foie gras,* no la debemos calentar en exceso.

- En la salamandra durante 10 segundos, calentamos los cuadrados de gelatina de manzana.

- El conejo lo servimos escurrido y lo cubrimos con su salsa. Alrededor del conejo vertemos un chorrito de vinagre.

- Hacia un lado servimos la salsa de *foie gras* y dos dados de gelatina caliente de manzana.

- Sobre el conejo espolvoreamos azúcar moreno y cacao. Decoramos con enebro, jengibre, dos hojitas de cada hierba.

ACEITE DE OLIVA ENCAPSULADO CON JAMÓN IBÉRICO VIRTUAL, de Ferran Adrià (El Bulli)

Ingredientes:

- Para la base de alginato de sodio:
  - ½ l de agua
  - 3 g de alginato de sodio
- Para el compuesto de cloruro de calcio:
  - 10 g de cloruro de calcio
  - 1 l de agua
- Para el aceite de oliva encapsulado:
  - 1 kg de compuesto de cloruro de calcio
  - 0,5 kg de base de alginato de sodio
  - 60 g de aceite de oliva

- Para el consomé de jamón ibérico:
  - 250 g de recortes de jamón
  - 0,5 l de agua
- Para la grasa derretida:
  - 100 g de grasa de jamón ibérico
- Para la gelatina caliente de jamón ibérico:
  - 4,5 g de agar-agar
  - 2,5 dl de consomé de jamón ibérico

Elaboración:

- Para la base de alginato de sodio:
  - Mezclar el agua y el alginato de sodio en licuadora hasta que se disuelva totalmente e introducir en el frigorífico durante 24 horas.
- Para el compuesto de cloruro de calcio:
  - Disolver el cloruro de calcio en el agua y reservar.
- Para el aceite de oliva encapsulado:
  - Crear cápsulas esféricas de medio centímetro de diámetro con ayuda de una encapsuladora*. Mantener en el frigorífico.
- Para el consomé de jamón ibérico:
  - Cortar el jamón en dados pequeños y cubrir con agua.
  - Hervir a fuego moderado durante una hora, desespumando. Desgrasar y colar en tamiz fino.
- Para la grasa fundida:
  - Eliminar el magro de la grasa y fundir a fuego lento hasta que licúe, colar y conservar líquida en baño maría suave.
- Para la gelatina caliente de jamón ibérico:
  - Diluir el agar-agar en el consomé de jamón a temperatura ambiente y llevar a ebullición removiendo.

- Retirar del fuego, desespumar, y disponer la gelatina en placa hasta obtener placas muy finas, dejando gelificar en frío durante dos horas.

- Cortar la gelatina al modo de lonchas de jamón.

Terminación:

- Disolver la grasa de jamón en el consomé a fuego, templar, y pintar las láminas de gelatina templadas con el jugo resultante.

- Disponer en el plato las cápsulas de aceite con las láminas de gelatina. Calentar en salamandra y servir. Añadir sal en escama opcionalmente.

* La encapsuladora es un instrumento utilizado en la industria farmacéutica que permite dotar al aceite de oliva de una consistencia adecuada en la cubierta con una esferificación directa externa; sin embargo puede optarse por una esferificación con agar-agar, más sencilla, para lo cual se necesita:

- 2 dl de aceite de oliva virgen

- 1 g de agar-agar

- 1 l de agua mineral

- 0,5 l de aceite de girasol frío

En este caso, la elaboración comprende:

- Enfriar el aceite en cámara frigorífica durante 2 horas.

- Una vez frío, mezclar con el agar-agar y calentar a fuego lento durante 3 minutos, removiendo.

- En ese momento, absorber con jeringa y formar perlas sobre el aceite de girasol frío, retirar y lavar en el agua mineral.

NUBE DE ZANAHORIA CON CONCENTRADO DE MANDARINA, de Ferran Adrià (El Bulli)

Ingredientes:

- 2 kg de zanahorias
- ½ kg de mandarinas de zumo
- 150 g de agua
- 60 g de coco en polvo
- 1 g de *curry* en polvo
- 1 g de esencia (aceite) de almendra amarga

Elaboración:

- Pelar y lavar las zanahorias, cortar las puntas. Exprimir las mandarinas para sacar el zumo. Reservar durante 24 horas.

- Separar la pulpa de la mandarina del zumo con una jeringuilla, por ejemplo, hasta que solo quede la pulpa en el recipiente. Congelar la pulpa. Diluir el coco en polvo en agua y añadir la esencia de almendras. Congelar.
- Licuar zanahorias para obtener el zumo con mucha potencia hasta que se cree una nube de espuma de zanahoria.

Terminación:

- Para servirlo, colocar la pulpa de la mandarina y, sobre esta, una cucharada del helado de coco resultante. Alrededor se disponen las nubes de zanahoria y se decora con el polvo de *curry*.

FOIE FRESCO CON ESPÁRRAGOS, de Juan Mari Arzak (Arzak)

Ingredientes:

- 1 kg de *foie gras* fresco de pato
- 800 g de espárragos de Navarra
- 100 g de mantequilla
- Una cucharada de chalota picada
- 1 dl de nata líquida
- 1 cucharadita de cebollino picado
- 100 g de harina
- Sal y pimienta

Elaboración:

- Trocear el *foie gras* en doce escalopes de 1 cm de espesor.
- Cortar las puntas de los espárragos cocidos y separar sus tallos.
- Poner la chalota en una sartén con 70 g de mantequilla. Estofarla lentamente y agregar los tallos de los espárragos.
- Una vez los hayamos rehogado, agregar ¼ del líquido de cocción de los espárragos (rebajado con agua) y dejar hervir 2 minutos. Agregar la nata y someter a hervor 2 minutos más.
- Pasar todo por la batidora, colar la crema por un chino e incorporar los 30 g de mantequilla restantes sin cesar de batir. Agregar la mitad del cebollino picado.
- En una sartén antiadherente, freír los escalopes de *foie gras,* previamente sazonados y enharinados, 2 minutos por cada lado, en su propia grasa.

Terminación:

- Poner tres escalopes en cada plato y disponer encima cuatro puntas de espárragos. Cubrir con la salsa bien caliente y decorar con el resto del cebollino picado.

CÍRCULO DE CHIPIRÓN, de Juan Mari Arzak (Arzak)

Ingredientes:

- Para el chipirón a la plancha y picado de chipirón crudo:
  - 1 chipirón grande
  - 8 g de cáscara de naranja picada y seca
  - Perejil picado
  - ¼ de dl aceite de ajo
  - Sal y jengibre
  - Zarzaparrilla en polvo
- Para la cama de verduras y chipirones:
  - 1 cebolla grande
  - 1 pimiento verde
  - 1 diente de ajo
  - 1 ciruela verde
  - ¼ de dl de aceite de oliva
  - Patas y alas del chipirón
  - Sal y jengibre
  - Zarzaparrilla en polvo

- Para la salsa:
  - 100 g de cebolla pochada
  - 100 g de caldo de ave
  - 1,5 g de té de bergamota
  - 5 g de salsa de soja
  - Sal y azúcar
- Para la reducción de cacao y jengibre:
  - 50 g de agua
  - 1,5 g de cacao en polvo
  - 15 g de azúcar
  - 5 g de vinagre de Módena
  - 1 g de polvo de jengibre

Elaboración:

- Para el chipirón a la plancha y picado de chipirón crudo:
  - Limpiar los chipirones y separar por un lado las alas y las patas, y por otro lado los cuerpos.
  - Coger los cuerpos y abrirlos por la mitad. Una vez abiertos, hacer filetes grandes (10 cm) y agujeros sobre el chipirón con la ayuda de un cortapastas de 1,5 cm de diámetro.
  - Guardar las circunferencias sobrantes. Macerar los filetes durante 12 horas con el aceite de ajo, sal, naranja, jengibre, perejil picado y zarzaparrilla en polvo.
  - Dorar los filetes de chipirón en la plancha. Picar las circunferencias de chipirón, añadir una pizca de perejil, sal, zarzaparrilla en polvo y aceite de oliva virgen. Reservar en crudo.

- Para la cama de verduras y chipirones:
  - Pochar la verdura con el aceite de oliva.
  - Una vez esté bien pochada, añadir las alas y las patas.
  - En el último momento añadir la ciruela en dados.
  - Sazonar con zarzaparrilla en polvo, jengibre y sal.
- Para la salsa:
  - Hervir en conjunto el caldo junto con la cebolla.
  - Triturar y colar. Cuando esta hierva retirar del fuego y añadir el té.
  - Dejar infusionar 5 minutos. Añadir la salsa de soja y sazonar.
- Para la reducción de cacao y jengibre:
  - Hervir en conjunto y dejar reducir una cuarta parte.

Terminación:

- Colocar en el centro del plato una pequeña base de la cama y los filetes de chipirón de pie sosteniéndose uno con el otro, de tal forma que resulten visibles los agujeros.
- Debajo de ellos, salsear con la salsa y, sobre ella, una pequeña raya de la reducción. Debajo de esta, el tartar.

RAPE CON HILOS Y MÉDULA, de Juan Mari Arzak (Arzak)

Ingredientes:

- Para el mojo del rape:
  - 100 g de cebolla pochada
  - 45 g de hígado de rape
  - 50 g de piñones tostados
  - 25 g de aceite de oliva 0,4º
  - 25 g de zumo de fruta de la pasión
  - Sal, pimienta, azúcar y jengibre
- Para el rape:
  - 1 kg de rape
  - Sal

- Para la médula y la espina del rape:
  - La espina del rape (espinazo)
- Para los hilos de verduras:
  - La piel de media berenjena
  - ½ remolacha
  - ½ dl de aceite de oliva
- Para la salsa:
  - 2 cebollas
  - 1 pimiento verde
  - ½ l de agua
  - 25 g de rape
  - 15 g de hígado de rape
  - 2 cucharadas de aceite de oliva 0,4º
  - Sal, pimienta y jengibre
  - Polvo de tomate

Elaboración:

- Para el mojo del rape:

  - Triturar el conjunto de los ingredientes hasta formar una pasta espesa. Salpimentar y rectificar de azúcar y jengibre.

- Para el rape:

  - Limpiar el rape y deslomarlo guardando la espina central.

  - Racionar. Sazonamos el rape y lo untamos con el mojo. Hacerlo en la plancha sin que colore en exceso.

- Para la médula y la espina del rape:

  - Cortar la espina central del rape (espinazo) con la ayuda de una cortadora longitudinalmente en dos mitades, de las cuales, con la ayuda de una cuchara muy fina, extraeremos la médula que se encuentra en las uniones de los huesos. Reservar.

  - Por otro lado, cortaremos las dos mitades de la espina en finas láminas que freiremos a fuego lento hasta que estén crujientes.

- Para los hilos de verduras:

  - Cortar las verduras del mismo tamaño en una juliana fina y guardarlas en aceite de oliva.

- Para la salsa:

  - Limpiar la verdura y la cortamos en juliana. Una vez esté pochada, incorporar la carne de rape y la rehogamos.

  - Añadir el agua y dejar cocer 20 minutos.

  - Triturar junto con el hígado y colar. Hervir la salsa y dar el punto de sal, pimienta y jengibre.

Terminación:

- Emplatar el rape apoyado sobre el la espina frita.

- Sobre el rape, dejaremos caer los hilos de verduras escurridos y en el fondo disponemos la salsa.

- A un lado del rape, colocar la médula.

- Espolvorear el polvo de tomate.

FLOR DE HUEVO Y TARTUFO EN GRASA DE OCA CON CHISTORRA DE DÁTILES,
de Juan Mari Arzak (Arzak)

Ingredientes:

- 4 huevos
- Sal
- 30 g de grasa de pato

• Para la *mousse* de dátil y chorizo:

- 120 g de dátil
- 150 g de chorizo
- 100 g de agua
- 1 g de jengibre

• Para la cucharada de trufa:

- 10 g de trufa fresca picada
- 3 gotas de aceite de trufa blanca
- 16 gotas de aceite de oliva 0,4º

• Para las migas de pan:

- 60 g de chorizo picado (crudo)
- 60 g de panceta ibérica picada (cruda)
- ½ diente de ajo triturado
- 300 g de pan de pistola (finamente picado)
- 100 g de zumo de manzana
- 100 g de agua

• Para la vinagreta de uvas:

- 50 g de uva blanca cortada en daditos
- 30 g de uva negra cortada en daditos
- 100 g de aceite de oliva 0,4º
- 30 g de vinagre de arroz
- Una pizca de perejil picado
- Una pizca de jengibre molido
- Sal y pimienta

Elaboración:

• Para los huevos:

- Extender un poco de papel film en la mesa, hay que engrasarlo con un poco de aceite.
- Depositar el huevo cascado en el plástico con unas seis gotas de aceite de trufa y otras tres gotas de grasa de pato y un poco de sal. Cerrar y anudar.
- Cocer en agua hirviendo durante cuatro minutos y medio. Una vez haya concluido el tiempo, cortar el plástico con mucho cuidado.
- Para introducir el huevo en el plástico es conveniente usar un bol pequeño o una flanera.
- Una vez emplatado el huevo, se decora con una yema de huevo batida con un poco de aceite oliva y una pizca de sal.

• Para la *mousse* de dátil y chorizo:

- Batir en robot-procesador todos los ingredientes.
- Pasar por un tamiz. Calentar con cuidado a la hora de servir.

- Para la cucharada de trufa:
  - Mezclar justo en el momento de servir y depositarlo sobre una cucharilla.
  - Se puede decorar con una hoja de perifollo.
- Para la miga de pan:
  - Dorar los ingredientes en una sartén (menos los líquidos).
  - Añadir los ingredientes líquidos e ir removiendo todo conjuntamente hasta que quede suelto. Tardará media hora. Debe hacerse a fuego lento.
- Para la vinagreta de uvas:
  - Mezclar todos los ingredientes en frío.

Terminación:

- Disponer en una esquina del plato el huevo caliente.
- Debajo de él, trazamos dos rayas paralelas no muy gruesas: una con las migas y otra con la *mousse*.
- Perpendicularmente disponemos una cucharadita con la trufa picada. Sobre el huevo disponemos un poco de vinagreta de uvas y rematamos con perejil picado.

BOGAVANTE ASADO CON GLOBO DE ESPECIAS, de Pedro Subijana (Akelarre)

Ingredientes:

- 4 bogavantes
- Para el ravioli:
  - 4 cabezas de bogavante
  - 12 láminas de apionabo
- Para el jugo:
  - Los caparazones de 2 bogavantes
  - 100 g de agua
- Para el aceite:
  - Los caparazones de 2 bogavantes
- Para el globo de especias:
  - 100 g de queso *mozzarella*
  - ½ cucharada de 4 especias
  - ½ cucharada de *curry*
  - ½ cucharada de jengibre en polvo

Elaboración:

- Para el ravioli:
  - Se introduce el bogavante durante 1 minuto y 10 segundos en horno multifunción en vapor a 119 ºC.

- Se separan las cabezas, las pinzas y el cuerpo.
- Se abren las cabezas por la mitad y se marcan en la plancha por la parte de dentro. Se retira el coral con una cuchara. Se reserva.
- Se marcan en la plancha las láminas de apionabo y se rellenan con el coral dándole forma de ravioli.

- Para el jugo:
  - Se marcan las cáscaras en la plancha, se ponen en una *sauté* con el agua y se cuecen suavemente durante 20 minutos.
  - Se cuelan por la estameña. Se reservan.

- Para el aceite:
  - Se marcan las cáscaras en la plancha, se ponen en una *sauté* con el aceite y se confitan a 70 ºC durante 1 hora.
  - Se cuelan por la estameña y se emulsiona con el jugo anterior. Se reserva.

- Para el globo de especias:
  - Se retira el agua del queso *mozzarella.* Se desmenuza.
  - Se introduce en el microondas durante 30 segundos.
  - Se le da vueltas con ayuda de una cuchara y se retira el agua que ha soltado en su totalidad.
  - Se coge una porción y se coloca aún templado sobre la boquilla de un sifón, se introduce aire hasta que se infle. Se cierra por la base y se añaden las especias por encima.

Terminación:

- Se pela y se corta el cuerpo del bogavante en tres trozos.
- Se marcan en la plancha con las pinzas peladas.
- Se salsea el plato, se colocan los raviolis y el bogavante, y se termina con el globo en la parte superior.

RAPE CON JUGO DE TOMATE ASADO Y HUEVAS DE PIMIENTO, de Pedro Subijana (Akelarre)

Ingredientes:

- 2 lomos de rape
- 4 tomates maduros
- Tomillo
- 1 ajo
- Aceite de oliva
- 400 g de agua
- 1 pimiento rojo grande
- 4 g de agar-agar
- 25 g de azúcar
- 1 dl de vinagre
- 2 dl de aceite de girasol
- 4 puerros jóvenes
- 1 dl de vino blanco
- 1 dl de fondo de rape
- Flores comestibles
- Sal

Elaboración:

- Para el jugo de tomate:
  - Se abren los tomates por la mitad y se asan a 150 °C durante 2 horas en una bandeja con el ajo, el tomillo y el aceite.
  - Se pone en un bol el tomate ya asado, se añade el agua, (por 1 kg de tomate asado terminado se añade ½ l de agua), se rompe con una varilla y se deja infusionar durante unas horas, incluso una noche entera.
  - Se cuela, primero por el chino, luego por un colador fino y finalmente por una estameña. Se reserva.
- Para las huevas de pimiento:
  - Se escalda el pimiento y se licúa. Se separan 200 g del jugo obtenido y se le añade el agar-agar, el azúcar y el vinagre. Se hierve durante 2 minutos batiendo constantemente.
  - Se separa del fuego y, con una pipeta o gotero, se va cogiendo el jugo y se va echando a modo de gotas sobre el aceite frío.
  - Se deja cuajar y se escurren las huevas obtenidas con un colador. Se reserva.
- Para la guarnición:
  - Se lavan y se cortan los puerros en trozos, de 3 a 4 cm cada uno. Se reservan.
  - Se escalda en agua el puerro laminado y se retira a agua helada.
  - Se deja secar durante 2 días en deshidratadora a 50 °C. A la hora del emplatado, se pasan por aceite no muy caliente dándoles forma después.

Terminación:

- Se corta el rape en trozos de 5 cm de largo.

- Se pone el trozo de rape sazonado en una *sauté* con un poco de aceite de oliva y sin dorar, se añade un poco de vino blanco, o caldo del mismo rape, y se deja hacer suavemente sin dejar que coja color. Se termina en el horno (3 minutos) o bajo la salamandra.

- Se pone el jugo de tomate en una jarrita que se sirve aparte. Se saltean los puerros y se colocan a un lado del plato y encima las flores y cintas de puerro.

- En medio se coloca el lomo de rape y, sobre este, las huevas de pimiento.

CALAMARES SALTEADOS SOBRE ALMENDRAS Y CLOROFILINA, CALDO REDUCIDO DE CALAMARES Y ESPINACAS, de Andoni Luis Aduriz (Mugaritz)

Ingredientes:

- Para el caldo de calamar:
  - 25 g de aceite de oliva
  - 875 g de cebollas
  - 600 g de calamar
  - 2 dl de vino blanco
  - 5 claras de huevo
- Para la clorofilina:
  - 0,75 dl de agua

- 1 g de clorofila
- 16 almendras frescas peladas
- 1 dl de aceite de almendras
- Para las espinacas:
  - 8 hojas de espinaca
  - 8 hojas de espinaca acuática
  - Sal (c/n*)

* La abreviatura c/n se emplea en cocina para indicar 'cantidad necesaria, según se necesite, al gusto'.

Elaboración:

- Para el caldo de calamar:
  - Limpiar los calamares, separando el cuerpo y las aletas.
  - Pochar en aceite de oliva la cebolla en *brunoise*, agregar las patas y las aletas de los calamares, cortadas, y el vino blanco. Reservar los tubos de calamar.
  - Cocer tapado a fuego muy lento durante 4 horas, colar y enfriar el jugo.
  - Desgrasar y clarificar con las claras de huevo montadas, filtrar y conservar a temperatura ambiente. Debe resultar un consomé.

- Para la clorofilina:
  - Mezclar el agua con la clorofilina y conservar en frío.
  - Pelar las almendras, verter el aceite de almendras en un bol y mezclar. Introducir en frío hasta su uso.
- Para las espinacas:
  - Lavar las hojas con desinfectante alimentario y enjuagarlas en agua fría. Reservarlas hasta su uso bien secas.

Terminación:

- Retirar las almendras del frío.
- Pintar con la clorofilina el fondo de un plato sopero y dejar secar durante 10 minutos.
- Calentar el consomé de calamar.
- Marcar en plancha los tubos de calamar, terminarlos en salamandra y salar.
- Barnizar el fondo del plato de nuevo con el aceite de almendras y disponer tres de ellas en el plato.
- Colocar sobre el fondo los calamares, decorar con las hojas de espinaca y salsear con el consomé.

MILHOJAS DE BACALAO CON FRUTOS DE LA HUERTA, de Daniel García (Zortziko)

Ingredientes:

- 200 g de bacalao desalado
- ½ l de leche
- 2 dl de aceite de oliva
- 1 pimiento rojo
- 1 aguacate
- 1 dl de aceite de oliva
- Vinagre y sal
- 1 dl de cava
- 100 g de mayonesa

Elaboración:

- En una bandeja poner el bacalao y la leche, introducir la bandeja a 60 °C en el horno durante 10 minutos. Tras este tiempo, sacar y dejar reposar.
- Extraerle las láminas, colocarlo en una bandeja e impregnarlo de aceite de oliva.
- Asar ligeramente el pimiento rojo, tapar con un paño durante 10 minutos, pelarlo y cortarlo en cuadrados.

- Pelar el aguacate, cortarlo en cuadrados, mezclarlo con el pimiento, añadirle aceite de oliva, sal y unas gotas de vinagre.
- Hervir el cava (para eliminar el alcohol), añadirlo a la mayonesa y reservar.
- Con ayuda de un molde redondo, ir alternando capas de láminas de bacalao y puré de pimiento y aguacate, y napar con la mayonesa al cava.

Terminación:
- Hornear hasta que resulte glaseado.
- Emplatar y decorar al gusto.

RAPE ASADO Y ENVUELTO EN TOCINO IBÉRICO AL AROMA DE CALABAZA Y NARANJA, de Hilario Arbelaitz (Zuberoa)

Ingredientes:
- 4 lomos de rape
- 8 filetes de tocino Ibérico
- 50 g de calabaza
- 1 naranja
- Azúcar
- Flores comestibles y hierbas silvestres

Elaboración:
- Crema de calabaza:
  - Se guarda la piel y se trocea la calabaza.
  - Se pone a cocer con agua, sal, azúcar, mantequilla y la naranja.
  - Se deja cocer unos 20 minutos y se tritura.
  - Se cuela.
- Rape:
  - Se envuelve el lomo en el tocino Ibérico.
  - Se cuece en la sartén suavemente hasta que se dore el tocino.
  - Se deja reposar y, en el último momento, se asa en el horno.

Terminación:
- En el fondo del plato se dispone una cucharada de crema de calabaza, sobre la crema, el rape con el tocino, y se decora con hierbas silvestres y flores.

Ingredientes:

- Bocadito de atún:
  - 200 g de lomo de atún rojo (*toro*)
  - 2 dl de salsa de soja
  - 6 anchoas
  - 40 g de bacalao desalado
- Morrillo de atún escabechado:
  - 100 g de atún rojo
  - 2 dl de vinagre de jerez
  - 2 dl de aceite de oliva
- Ijar (ijada de atún en salazón):
  - 1 ijada de atún en salazón
  - Sal gruesa
- Descargamento de atún:
  - Descargamento de atún
  - Sal gruesa

- Tartar de atún:
  - 50 g de lomo de atún
  - ½ dl de aceite de oliva
  - *Wasabi*
  - Sal
- Salsa de anchoas:
  - 10 anchoas
  - 5 alcaparras
  - Nata
  - 1 yema de huevo
- Vinagreta de soja:
  - 1 dl de soja
  - 2 limas
  - ½ cebolla
  - ¼ de pimiento rojo
  - ¼ de pimiento verde
  - Caviar iraní

Elaboración:

- Bocadito de atún:
  - Laminar el lomo de atún para obtener un *sashimi* y macerarlo durante un minuto en la salsa de soja.
  - Seguidamente hacer bocaditos compuestos por un trozo de anchoa y otro de bacalao, ambos cortados muy finos.
  - El bocadito se recorta para cuadrarlo y obtener la apariencia adecuada.
- Morrillo de atún escabechado:
  - Introducir el morrillo de atún durante media hora en el vinagre de jerez, quedando este bañado por completo en el ácido.
  - Conservarlo en aceite de oliva hasta su uso.
- Ijar de atún en salazón:
  - Limpiar el ijar y envasarlo al vacío cubierto de sal gruesa. Introducir en bolsa de vacío.

- Dejarlo durante 24 horas en dicho medio salado y posteriormente retirar el exceso de sal al sacarlo de la bolsa de vacío.

- Se presentará en láminas finas que obtendremos mediante la cortadora de fiambres.

• Descargamento de atún:

- El proceso de salazón del descargamento será idéntico al del ijar exceptuando el tiempo de exposición en el medio salado.

- Tras su limpieza y envasado con sal gruesa, se deja madurar durante 2 horas y posteriormente se retira el exceso de sal.

- Se presentará también laminado mediante la cortadora de fiambres.

• Tartar de atún:

- Limpiar el lomo de atún y picarlo fino para obtener el tartar.

- Aliñar con sal fina, aceite de oliva y *wasabi*.

• Salsa de anchoas:

- Introducir todos los ingredientes en el robot de cocina y triturar hasta conseguir la emulsión deseada.

- Aligerar la salsa con agua para obtener la textura adecuada.

• Vinagreta de soja:

- Exprimir las limas, colar el zumo obtenido y añadirlo al resto de ingredientes.

- Emulsionar con la ayuda de una varilla hasta conseguir una mezcla homogénea.

Terminación:

• En un plato trinchero se distribuirá el género consiguiendo una armonía en el conjunto.

• Para ello, colocaremos un bocadito de atún aliñado con la salsa de anchoas; a su lado, una lámina de ijar, otra de descargamento y morrillo.

• El tartar de *toro* se coronará con caviar iraní, terminando el plato con un zigzag de vinagreta de soja que cubra todo el género.

CHAMPIÑÓN CON CREMOSO DE TUÉTANO, Nacho Manzano (Casa Marcial)

Ingredientes:

- Para los champiñones:
  - 12 champiñones
  - 4 sombreros de champiñones grandes
  - 1 anís estrellado
  - 2 ml de aceite de oliva
  - Sal
- Para el jugo de ternera:
  - 2 kg de jarrete de ternera
  - 4 l de agua
  - 1 dl de aceite
  - 15 g de azúcar
  - 15 g de sal

- Para la crema de tuétano:
  - 300 g de tuétano de ternera
  - 3 dl de jugo de ternera
  - 1 rama de tomillo limón
  - 3 hojas de hierbaluisa
  - 4 g de xantana
  - Sal
- Para el aceite de eucalipto:
  - 3 hojas de eucalipto
  - 1,5 dl de aceite de oliva suave
- Otros:
  - Ralladura de limón
  - 4 rodajas de tuétano
  - Hueso de caña abierto

Elaboración:

- Para los champiñones:
  - Saltear los champiñones, añadiendo ralladura de anís estrellado.
  - Laminar los sombreros de champiñón en mandolina obteniendo círculos finos.
- Para el jugo de ternera:
  - Dorar el jarrete junto con el aceite hasta que resulte completamente dorado.
  - Introducir todos los ingredientes en olla a presión y cocer durante 50 minutos desde el hervor.
  - Colar el caldo, desgrasar y reducir.
- Para la crema de tuétano:
  - Remojar los tuétanos durante 36 horas, cambiando el agua cinco veces para desangrarlos completamente.
  - Reservar 80 g de tuétano. Asar el resto de tuétano, añadiendo las hierbas y poniendo al punto de sal.
  - Se procesa en robot de cocina a temperatura media. Se incorporan el jugo de ternera y la xantana hasta conseguir una textura cremosa.

- Para el aceite de eucalipto:

    - Se envasan al vacío las hojas de eucalipto y el aceite, se cuecen al baño maría en *sous-vide* durante 6 horas a 60 ºC y se deja reposar 24 horas.

Terminación:

- Disponemos en cada hueso 35 g de crema de tuétano, sobre él los champiñones salteados y las rodajas de tuétano salteadas.

- Cubrimos con las láminas de champiñón crudo y salseamos con el jugo y la ralladura de limón.

JUGO DE CORDERO CON *ORICIOS,* NARANJA Y REGALIZ, de José Antonio Campoviejo (El Corral del Indiano)

Ingredientes:

- Gelatina de cordero
- Huevas de *oricios* (erizos de mar)
- Para las mollejas crujientes:
  - Sal y pimienta
  - Harina de maíz
  - Aceite de girasol

- Para el puré de regaliz:
  - 100 g de regaliz pelado
  - 700 g de nata
  - Coliflor
  - Sal y pimienta
- Otros:
  - Aromas de naranja
  - Jugo de *oricios*
  - Hojas y tallos de rúcula

Elaboración:

- Gelatina de cordero:

    - Tostar los huesos del cordero en el horno, poco a poco se va desglasando la bandeja del horno con agua para que suelten su jugo y la gelatina, adquiriendo un ligero color tostado.

    - Disponemos una cucharada de jugo en un molde redondo pequeño para que gelatinice.

- Huevas de *oricios:*

    - Limpiamos los *oricios* abriéndolos con cuidado de que suelten el jugo sobre un cazo para reservarlo.

    - Limpiamos las huevas dejándolas limpias de impurezas.

- Puré de regaliz:

  - Infusionamos 100 g de regaliz pelado y cortado con 700 g de nata a fuego suave, y lo dejamos reposar una noche.

  - Cocemos la coliflor en un caldo blanco, la trituramos en la túrmix poniendo al punto de sal y pimienta.

  - Mezclamos la infusión de regaliz con el puré de coliflor.

- Mollejas crujientes:

  - Cortamos en pequeños trozos las mollejas y salpimentamos, las pasamos ligeramente por harina de maíz y las freímos en abundante aceite de girasol bien caliente.

- Jugo de *oricios:*

  - Poner al fuego el jugo de *oricios* con una clara de huevo y pequeñas verduras, que levante poco a poco para clarificar el jugo.

Terminación:

- Disponemos una gelatina en un plato hondo y lo atemperamos en el horno, colocamos unas gotas de regaliz y unas huevas de *oricios,* las mollejas crujientes y unos aromas de naranja, acompañando con unas pequeñas hojas y tallos de rúcula.

- El personal de sala debe servir el jugo caliente de los *oricios* desde una jarrita en la mesa.

PULPO CON PAPADA A BAJA TEMPERATURA, PURÉ DE PATATA VIOLETA Y PISTO, de Manuel de la Osa (Las Rejas)

Ingredientes:

- Pulpo:

  - 4 patas de pulpo
  - 20 g de pimentón dulce
  - 1 hoja de laurel
  - 3 dl de aceite de girasol
  - 100 g de harina de garbanzo

- Puré de patata violeta:

  - 4 patatas violetas
  - 1 dl de nata
  - 15 g de trufa
  - Unas gotas de aceite de oliva
  - Sal y pimienta

- Pisto:
  - ½ calabacín
  - ½ pimiento rojo
  - ½ pimiento verde
  - ½ cebolla
  - 40 g de tomate frito
  - Aceite de oliva
- Papada:
  - 400 g de papada de cerdo
  - Salmuera: azúcar, sal, pimentón, romero, tomillo y laurel
  - 1 dl de aceite de oliva
- Decoración:
  - Acelga roja
  - Germinado de alfalfa

Elaboración:

- Para el pulpo:
  - Confitar las patas del pulpo en aceite de girasol con 20 g de pimentón dulce y una hoja de laurel en el horno tapado con papel aluminio durante aproximadamente una hora y media a 130 ºC.
  - Retirar del aceite y reservar.
- Para el puré de patata violeta:
  - Asar la patata en sal gruesa durante 45 minutos a 175 ºC (dependiendo del tamaño). Una vez asada, pelarla y triturarla con ralladura de trufa, la nata y el aceite de oliva, poner al punto de sal y pimienta, y reservar.
- Para el pisto:
  - Cortar el calabacín, el pimiento rojo, el pimiento verde y la cebolla en trozos iguales y regulares de 0,5 × 0,5 cm, pochar en un poco de aceite de oliva por orden de dureza, es decir, cebolla, pimiento verde, pimiento rojo y calabacín. Cuando esté todo más o menos pochado, añadir el tomate frito y mantener otros 15 minutos a fuego suave.
- Para la papada:
  - Limpiar bien la piel de la papada con una cuchilla y quemarla con un soplete hasta que no quede ni un pelo, cuadrar las papadas ligeramente e introducir dentro de la salmuera hecha con el azúcar, la sal, el pimentón restante y los elementos aromáticos bien picados.
  - Mantener ahí durante 12 horas, después, retirar y pasar por agua fría hasta quitarles bien todos los restos, envasar al vacío en una bolsa de cocción con un chorro de aceite de oliva y cocer en baño maría de temperatura controlada a 65 ºC durante 20 horas.
  - Retirar las papadas de la bolsa, limpiar bien con papel la grasa sobrante y disponer sobre una bandeja con rejilla con peso encima para eliminar parte de la grasa.

Terminación:

- Marcar la papada por el lado de la piel en una sartén antiadherente con un poco de peso encima a temperatura media hasta conseguir que esté caliente y la piel crujiente, mantener caliente el puré de patata y el pisto.

- Freír el pulpo, enharinado en la harina de garbanzo, en el aceite de girasol del confitado y emplatar disponiendo en la parte de abajo el puré de patata violeta; sobre él, el pulpo frito; a un lado, la papada con la piel hacia arriba y el pisto, terminar añadiendo un poco de jugo de carne reducido y caliente sobre el pulpo, y decorar con una hoja de acelga roja y germinado de alfalfa.

SOPA FRÍA DE AJO DE LAS PEDROÑERAS, de Manuel de la Osa (Las Rejas)

Ingredientes:

- Para el caldo de puchero:
  - 1 kg de carne magra de novillo
  - 0,5 kg de cabeza de ternera
  - 3 l de agua
  - 1 cebolla
  - 1 zanahoria
  - 3 tallos de apio
  - 2 cabezas de ajo
  - Romero
  - Albahaca
  - Sal (c/n)
- Para el jugo de perejil:
  - 300 g de perejil
  - Sal (c/n)

- Para la sopa fría:
  - 4 huevos de corral
  - 1 l de caldo de puchero
  - 100 g de jamón ibérico en lonchas
  - 50 g de pan tostado en dados
  - 50 g de aceite de oliva
  - 2 dientes de ajo morado de Las Pedroñeras
- Otros:
  - Pimentón (c/n)
  - Perejil (c/n)
  - Cebollino (c/n)

Elaboración:

- Para el caldo de puchero:
  - Disponer la carne y la cabeza de ternera en una marmita con el agua, las hortalizas, la cabeza de ajo, las hierbas aromáticas y la sal.
  - Hervir durante 8 horas, desespumando continuamente.
  - Retirar del fuego, colar, abatir y conservar en frío durante 3 horas hasta que gelifique.

- Para el jugo de perejil:
  - Centrifugar el perejil en centrifugadora. Sazonar con sal el jugo obtenido y reservar.
- Para la sopa fría:
  - Separar las claras de huevo de las yemas.
  - Disponer una yema en el fondo de cada copa y, sobre ella, algo del caldo frío gelatinizado.
  - Cocinar a fuego fuerte las lonchas de jamón sin grasa y apoyarlas sobre la gelatina de caldo con los dados de pan tostado.
  - Laminar el ajo y freírlo a fuego fuerte con aceite.

Terminación:

- Terminar las copas con el ajo frito, el jugo de perejil y el cebollino.

SALMONETES CON CRISTALES DE ESCAMAS COMESTIBLES, JUGO DE PESCADOS DE ROCA AL AZAFRÁN, BOMBÓN LÍQUIDO DE OLIVAS NEGRAS, de Martín Berasategui

Ingredientes:

- 2 salmonetes de roca frescos
- 2 l de aceite de oliva
- Consomé de roca:
  - 2 kg de pescado de roca (durdos)
  - 1 kg de tomate fresco bien maduro
  - 850 g de cebolla blanca en juliana
  - 1 cabeza de ajo con piel
  - 400 g de bulbo de hinojo
  - 90 g de blanco de puerro
  - 25 g de rama de hinojo
  - 5 ramas de perejil
  - ½ hoja de laurel
- 1 rama de tomillo
- 30 g de albahaca
- 200 g de aceite de oliva para guisar
- 12 pistilos de azafrán
- ½ pimiento de Espelette
- Sal gris marina
- Clarificación:
  - 100 g de clara semimontada
  - 1 litro de caldo
- Tartar de vieira y ostra:
  - 100 g de vieira cortada en 0,2 × 0,2 cm
  - 50 g de ostra cortada en 0,2 × 0,2 cm
  - 5 g de pepinillo en *brunoise*
  - 5 g de chalota en *brunoise*

- 5 g de alcaparras en *brunoise*
- 5 g de coñac
- 15 g de mahonesa
- 2 g de mostaza Savora
- Sal
- Pimienta de molinillo
- 5 g de cebollino picado
- 3 gotas de tabasco
- 3 gotas de salsa Perrins

• Pasta de Kalamata:
- 300 g de aceitunas Kalamata deshuesadas
- 200 g de agua mineral

• Aceitunas (para 50 unidades):
- Base de aceituna: 400 g de pasta de Kalamata
- 1,5 g de xantana
- 2,5 g de calcio

• Base de algin:
- 1,5 l de agua mineral
- 7,5 g de algin (alginato de sodio)

• Aire de limón:
- 100 g de zumo de limón
- 50 g de jengibre confitado (30 g de jengibre y 20 g de jugo de conservación)
- 300 g de agua mineral
- 4 g de lecitina de soja

Elaboración:

• Para el salmonete:
- Para su servicio, limpiamos y evisceramos el pescado manteniendo las escamas.
- Retirar sus lomos y desespinarlos.
- En el momento de su uso, masajear ligeramente los salmonetes de forma que se ericen sus escamas hacia arriba.
- Tras esto, se someten a fritura a temperatura muy alta, resultando las escamas crujientes y comestibles.

• Para el consomé:
- Eviscerar y desescamar el durdo.
- Retirar las agallas y los ojos para después trocearlo.
- Pelar y lavar las verduras de la guarnición aromática y cortarla finamente.
- Calentar el aceite de oliva en una cacerola plana y dejar sudar la guarnición partida sin aromáticas.
- Cuando esté bien hecha, sin coloración, agregar los pescados (durdo), luego el tomillo y el laurel, el hinojo seco y las ramas de perejil y de albahaca.

- Sazonar con sal marina, mojar con 3 l de agua, llevar a ebullición y cocer a fuego lento, desespumando con frecuencia.
- Después de 25 minutos de cocción, retirar del fuego, añadir pimiento de Espelette y dejar reposar durante 8 horas.
- Pasar el caldo de pescados por la estameña sin presionar, verterlo en un recipiente y clarificarlo inmediatamente partiendo de frío hasta que alcance 80 ºC.

• Para la clarificación:
- Añadir la clara semimontada al caldo frío y no parar de remover hasta que alcance una temperatura de ± 80 ºC.
- Pasar por una estameña con mucho cuidado.
- Reducir en caso de que fuera necesario y después disponerlo en platos a cuajar con unos pistilos de azafrán (se cuajarán con su propia gelatina).

• Para el tartar:
- Disponer en un bol la vieira y la ostra, e ir añadiendo poco a poco el resto de los ingredientes, excepto el cebollino.
- Salpimentar y añadir el cebollino justo al final junto con el tabasco y la Perrins.

• Para las aceitunas líquidas:
- Añadir a la pasta de Kalamata el calcio y la xantana, triturar bien con la túrmix; asegurarse de disolverlo bien y dejar reposar en cámara 12-14 horas.

• Para la pasta:
- Introducir todos los ingredientes en robot-procesador, triturar bien y colar por un chino fino.

• Para la base de algin:
- Disponer todos los ingredientes en robot-procesador, triturar al máximo durante 4 o 5 minutos; colar y poner en un cazo alto. Dejar reposar durante 30 minutos.

• Bombón de aceituna:
- Llenar una cuchara semiesférica de 5 ml con la pasta de la aceituna y volcarla sobre el alginato con cuidado y girando la cuchara sobre la superficie.

- Si no se hunde hasta el fondo del recipiente, darle pequeños toques con los dedos hasta que toda la pasta de aceituna esté rodeada de alginato. Dejar «cocer» (mantener en contacto sumergido con el líquido durante unos tres minutos). Se pueden realizar varias esferas a la vez, evitando que se toquen, ya que se pegarían.

- Extraemos las esferas con cuchara agujereada y se introducen en agua para lavarlas. Se dejan unos segundos y se extraen con la cuchara perforada sobre papel para retirar totalmente la humedad. Se introducen en aceite y se conservan en frío.

• Aire de limón:

- Rallamos el jengibre confitado. El jugo del confitado se mezcla con el zumo de limón, el agua, el jengibre rallado y la lecitina de soja. Se mezcla con la túrmix y se deja enfriar hasta su uso.

- Airear en el momento del emplatado y dejar reposar al menos 1 minuto.

Terminación:

En un plato sopero montaremos de la siguiente forma:

• En el borde pondremos una línea del tartar con ayuda de manga.

• En un costado el salmonete con su escama.

• En el otro costado dos puntos del aire de limón.

• Terminamos con una esfera de aceituna en el fondo del plato, y el servicio del jugo de pescado en sala mediante jarra.

CHALOTA EN SALSA NEGRA, de Josean Martínez Alija (Nerua)

Ingredientes:

• Para la sopa:
- 100 g de jugo de alcachofa
- 100 g de jugo de anchoa
- 4 g de hojas menta
- 2 g de hojas romero
- 2 g de hojas estragón

• Para la salsa negra:
- 8 g de licuado de tomate
- 120 g de la sopa anterior
- 30 g de yemas de erizo
- 1 g de aceite picante
- 7,5 g de tinta de calamar
- 0,4 g de xantana

- Para las chalotas:
  - 4 unidades de chalota
  - 1 g de menta
  - 0,5 g de estragón
  - 0,5 g de romero
  - 10 g de jugo de champiñón crudo
- Para el jugo de champiñón:
  - 150 g de champiñón
  - 1 g de sal
- Otros:
  - Láminas de tocino ibérico

Elaboración:

- Para la salsa negra (jugo):
  - Introducir los ingredientes en la Gastrovac. Cocinar a 55 °C durante 15 minutos desde que se alcanza la temperatura. En caso de no disponer de Gastrovac, introducir en bolsa de vacío y cocinar a 55 °C durante una hora.
  - Pasado este tiempo, colar, reservar el jugo, rectificar de sal y reservar frío.
- Para la salsa negra:
  - Juntar los ingredientes en un procesador o batidora y texturizar.
  - Colar, rectificar de sal y reservar en frío.
- Para el jugo de champiñón:
  - Limpiar el champiñón de impurezas y triturar en procesador o robot. Añadir sal y mezclar bien.
  - Tapar con papel film. Dejar reposar en frío 12 horas. Pasado este tiempo, colar por *superbag* o estameña. Reservar el jugo.
- Para las chalotas asadas con aromáticos:
  - Envasar los ingredientes en una bolsa de vacío y cocinar en horno de vapor a 100 °C durante 50 minutos. Dejar enfriar a temperatura ambiente. Después, retirar la primera capa de las chalotas.

Terminación:

- Calentar las chalotas durante 5 minutos en horno de vapor a 100 °C.
- Pasado este tiempo, retirarlas y cubrirlas con una lámina fina de tocino.
- Pintar con la salsa negra.
- Ahumar las escalonias envueltas en tocino en brasa de encina en el horno o con un ahumador.
- Fondear el plato con la salsa negra, disponer la escalonia caliente sobre la salsa.

RAVIOLIS DE VACA *BETIZU*, ENVUELTOS EN PAN DE MAÍZ, SOBRE JUGO DE LEGUMBRES", de Eneko Atxa (Azurmendi)

Ingredientes:

- 1 kg de rabo de vaca *betizu* en medallones
- 2 cebollas moradas
- 4 zanahorias
- 2 puerros
- Harina
- ½ litro de vino tinto
- Caldo de carne
- Sal
- 100 g de tocino ibérico laminado muy fino

- Pan de maíz laminado muy fino
- 300 g de garbanzos (poner en remojo, la noche de la víspera)
- 1 rodaja de calabaza
- 1 manita de cerdo cortada por la mitad
- 1 tomate
- Pimienta negra molida
- Aceite de oliva virgen

Elaboración:

- Salpimentamos el rabo, y posteriormente lo pasamos por harina.
- Lo freímos en una cazuela con unas cucharadas de aceite de oliva virgen, hasta que esté dorado.
- Añadimos las verduras troceadas, un puerro, una cebolla morada, dos zanahorias, y rehogamos.
- Regamos con medio litro de vino.
- Esperamos unos minutos, cubrimos con el caldo de carne y cocinamos a fuego lento durante 4 horas.
- Una vez transcurridas 4 horas, la carne estará tierna y gelatinosa, retiramos la carne de la cazuela y deshuesamos.
- Una vez deshuesado el rabo, cubrimos una terrina con papel film y colocamos encima la carne, para que gelatinice. Hacemos presión con otra terrina para que resulte compacto.
- Introducimos la terrina en cámara frigorífica y reservamos unas 6 horas.
- Mientras la terrina se compacta, preparamos el jugo de legumbres sobre el que presentaremos nuestros raviolis.
- Disponamos en una olla exprés los garbanzos, si puede ser en una red, para luego aprovecharlos sin tener que escogerlos, un puerro cortado en dos, un tomate grande o dos pequeños, dos zanahorias, una cebolla morada y una manita de cerdo, cortada a la mitad.

- Dejamos cocinando durante 30 minutos, esperamos que enfríe y abrimos la olla, colamos el caldo, reservando los garbanzos y ponemos el caldo a reducir en una cazuela.
- Retiramos la espuma y dejamos que, a fuego fuerte, reduzca. Tiene que reducir un cuarto del volumen original. Al reducir, irá ganando gelatinosidad, brillo y oscurecerá el caldo.
- Desmoldamos la carne deshuesada de la terrina y la cortamos en dados, para comenzar a envolver los raviolis.
- Envolvemos los dados de carne que hemos cortado, en finas láminas de tocino ibérico.
- Una vez envueltos en tocino ibérico, cortamos el pan en tiras del tamaño de los dados de carne.
- Una vez cortadas las tiras de pan, envolvemos con ellas, sobre las láminas de tocino que cubren los dados de carne.

Terminación:

- Ponemos una cucharada de aceite de oliva virgen en una sartén y, cuando esté muy caliente, colocamos los raviolis, tostando todas las caras del dado.
- Disponemos en un plato sopero el jugo reducido de legumbres templado y, sobre el mismo, ponemos los raviolis, decorando con unas hojas de romero fresco.

CREMOSO DE PARMESANO REGGIANO CON VELO DE ALBAHACAS SILVESTRES Y DE CULTIVO Y PIÑONES, Quique Dacosta (Quique Dacosta Restaurante)

Ingredientes:

- Para el cremoso de parmesano:
  - 100 g de parmesano *reggiano*
  - 1 hoja de gelatina
  - 25 cl de leche de soja
- Para el velo de acelga:
  - 300 g de acelga
  - 1,7 g de agar-agar
  - 1,5 dl de agua mineral
  - 1 hoja de gelatina
  - Sal (c/n)

- Otros:
  - Cáscara de 1 limón
  - 20 piñones
  - 12 hojas de albahaca
  - 12 hojas de albahaca limón
  - 12 hojas de albahaca griega
  - 12 hojas de albahaca violeta
  - 12 hojas de albahaca roja
  - 12 hojas de albahaca tulsí
  - Escamas de sal (c/n)
  - 12 tostadas de pan
  - 1 manzana en paisana
  - Aceite de oliva

Elaboración:

- Para el cremoso de parmesano:

  - Trocear el parmesano y licuarlo con parte de la leche de soja en robot de cocina.

  - Calentar el resto de la leche de soja a 85 °C y disolver en ella la gelatina. Mezclarla con el queso fundido. Continuar licuando y triturar en el robot.

  - Retirar del vaso la mezcla, introducir en manga pastelera y dejar reposar en frío durante 24 horas.

- Para el velo de acelga:

  - Lavar las acelgas y escaldarlas en agua hirviendo durante 10 segundos, retirándolas después a agua fría con hielo.

  - Triturarlas y pasar por *superbag* o estameña para obtener el jugo.

  - Calentar el agua mineral a 80 °C y disolver el agar-agar y la gelatina hidratada previamente en agua fría.

  - Retirar del fuego y abatir a 65 °C, mezclando con el jugo obtenido del licuado de la acelga.

  - Extender sobre placa dejando unos 2 mm de grosor. Enfriar en cámara y cortar con moldes redondos.

Terminación:

- Puntear el queso con la ayuda de la manga en el fondo del plato, sobre él disponer el velo y acompañar con la ralladura de limón, las hojas de albahaca y los dados de manzana.

CILINDROS DE BUEY DE MAR, de Pedro Larumbe (Restaurante Pedro Larumbe)

Ingredientes:

- 1 kg de buey de mar
- ½ cebolla
- 1 zanahoria
- 1 puerro
- 1 vaso de vino blanco
- Aceite de oliva
- 2 hojas de pasta *brick*

Elaboración:

- Para el buey de mar:

  - Cocer 12 minutos el buey de mar y dejar reposar.

- Limpiar y desmigar bien las pinzas y la carne del caparazón.
- Rehogar la cebolla, el puerro y la zanahoria y añadir el buey desmiga-do y el vino blanco.
- Dejar reducir y reservar.
- Cortar la pasta *brick* y hacer cilindros con la ayuda de moldes de ace-ro previamente untados en mantequilla.
- Hornear 1 minuto aproximadamente a 180 ºC y dejar enfriar.

Terminación:

• Rellenar los cilindros con el guiso de buey de mar y emplatar de pie so-bre el plato dándole más volumen estético.

PINTO (DURDO) CON VERDURAS DE LA HUERTA Y SALSA *MEUNIÈRE*, de Lucía Freitas (A Tafona)

Ingredientes:

- 200 g de guisantes
- 4 minicalabacines con flor
- 8 tirabeques
- 100 g de tripa de bacalao
- 1 kg de pinto (durdo)
- 3 dientes de ajo laminados

- 100 g de piel de anguila ahumada
- Aceite
- Sal
- Mantequilla

Elaboración:

• Realizamos un *fumet* muy concentrado con la piel de anguila y la tripa de bacalao. Reducimos, colamos y reservamos.

• Sofreímos las verduras (guisantes, tirabeques, calabacín cortado, y su flor), con un poco de aceite y sal.

• Desespinamos el pinto. Lo cocinamos al vacío durante 14 minutos a baja temperatura (62 ºC) en *sous-vide*, para que resulte meloso, y luego marcamos en sartén caliente por la parte de la piel para que le quede crujiente.

• Para la *meunière:* fundimos la mantequilla junto con los ajos laminados y dejamos dorar.

• Dejamos templar la mantequilla y añadir el jugo concentrado del *fumet*. Lo mezclamos todo bien y turbinamos hasta que emulsione.

Terminación:

- Disponemos las verduritas en un plato; sobre ellas, el pinto, y se salsea con la *meunière*.

MERO CON ORTIGUILLAS Y SALSA DE LIMA, de Paco Roncero
(Paco Roncero Restaurante)

Ingredientes:

- 1 kg de mero entero
- 4 manzanas
- 50 g de mantequilla
- Ácido cítrico (zumo de limón)
- Ortiguillas (anémonas)
- Aceite de oliva para freír

- 2 limas
- 1 dl de salsa de soja
- ½ dl de vinagre de jerez
- Jengibre rallado
- 20 g de azúcar
- 5 g de xantana

Elaboración:

- Para el mero:
  - Limpiar el mero de escamas y espinas.
  - Retirar los dos lomos y racionar en porciones de 180 g aproximadamente.
  - Reservar en cámara hasta su utilización.
- Para el puré de manzana:
  - Pelar las manzanas, descorazonar y cortar en gajos irregulares.
  - Pochar con la mantequilla y el ácido cítrico hasta que queden blandos.
  - Triturar, colar y reservar en caliente hasta el momento de su uso.
- Para las ortiguillas:
  - Cortar en dos o tres partes en función de su tamaño.
  - Enharinar y freír en abundante aceite de oliva bien caliente para que se forme una costra en el exterior manteniendo la melosidad en su interior.
  - Retirar el exceso de aceite y congelar hasta su uso.
- Para la salsa de lima:
  - Mezclar la salsa de soja y el vinagre de jerez y calentar hasta llegar a su punto de ebullición.
  - Añadir el jengibre, tapar y dejar infusionar durante 25 minutos aproximadamente. Colar.

- Mezclar el zumo de lima y el azúcar, e incorporar a la infusión anterior. Mezclar.
- Añadir la xantana y batir hasta que la xantana se hidrate completamente y la mezcla tenga textura de crema ligera.

Terminación:

• Disponer en el centro del plato una cucharada de salsa de lima. A la izquierda, cuatro puntos de puré de manzana, y encima de estos cuatro, ortiguillas fritas y sazonadas.

• Sobre la salsa de lima, terminar con el mero realizado a la plancha.

SALMONETES RELLENOS CON SU HÍGADO Y NARANJA, de Joan Roca
(El Celler de Can Roca)

Ingredientes:

• Para los salmonetes rellenos:
- 8 salmonetes
- Aceite de oliva
- 8 rebanadas de pan cortadas muy finas
- Sal

• Para la salsa de naranja:
- 3 naranjas
- 50 g de aceite de oliva
- Perifollo fresco triturado
- Sal (c/n)

• Para los rollitos de espárragos y tocino:
- 40 espárragos trigueros
- 8 lonchas de tocino
- Aceite de oliva (c/n)

Elaboración:

• Para los salmonetes rellenos:
- Limpiar los salmonetes y reservar los hígados; abrir por la mitad y retirar las espinas a cada uno de los filetes.
- Preparar el relleno salteando los hígados en la sartén, y una vez cocidos, triturarlos.
- Recomponer los salmonetes, repartiendo el relleno entre ambos filetes y envolviendo cada uno en una rebanada de pan.
- En sartén antiadherente, calentar un poco de aceite de oliva y freír ligeramente los salmonetes, dorando bien el pan.

- Para la salsa de naranja:
  - Exprimir las naranjas, filtrar su jugo y reducirlo a fuego hasta un tercio de su volumen.
  - Enfriar y emulsionar con batidora, vertiendo poco a poco el aceite de oliva.
  - Al final, agregar el perifollo muy triturado y la sal.
- Para los rollitos de espárrago y tocino:
  - Lavar los espárragos, eliminar los tallos y escaldar durante 2 minutos. Enfriar en agua helada.
  - Hacer ocho ramilletes y envolver con el tocino.
  - Freír durante 3 minutos en una sartén antiadherente con un poco de aceite de oliva.

Terminación:

- Fondear el plato con la salsa de naranja y colocar sobre ella los salmonetes y los rollitos de espárrago y tocino.

FOIE GRAS A LA SAL, de Santi Santamaria

Ingredientes:

- 1 hígado graso de pato de 500 g
- 1 kg de sal gruesa
- 100 g de harina
- 1 cucharada sopera de hierbas aromáticas (romero, tomillo, salvia y laurel)
- 1 cucharada sopera de pimienta en grano
- 4 claras de huevo
- 4 cucharadas soperas de salsa de jerez
- 4 manzanas reinetas
- 4 cucharadas soperas de Pedro Ximénez
- 2 cucharadas soperas de fondo de pato reducido a consistencia de jarabe

Elaboración:

- Para la salsa, reducir a la mitad el vino y mezclar la misma cantidad de fondo de pato.
- Para la guarnición, envolver las manzanas en papel de aluminio y cocerlas al horno 45 minutos a 210 ºC, aproximadamente; tienen que quedar cocidas, pero no deshechas.

- Mezclar los ingredientes secos (hierbas, harina, sal y pimienta). Incor porar las claras de los huevos.
- Sobre una placa de hornear, hacer un lecho con parte de esta mezcla, colocar el hígado encima y cubrirlo con el resto de la mezcla.
- Cocer el hígado en un horno de convección durante 17 minutos a 220 °C.
- Romper la corteza que envuelve el hígado y limpiarlo de los restos de sal.

Terminación:

- Escalopar el hígado, acompañarlo con las manzanas y salsearlo.

SUPREMAS DE PICHÓN CON FLORES DE CALABACÍN, de Santi Santamaria

Ingredientes:

- 8 supremas de pichón
- 8 flores de calabacín
- 8 calabacines
- 4 hojas de salvia
- 1 cucharadita de café de cristales de sal
- 4 carcasas de pichón
- 1 escalonia
- ½ puerro
- 2 ajos
- 1 rama de tomillo
- 1 tomate
- ½ l de vino blanco
- 1 l de caldo de ave
- Mantequilla
- Aceite de oliva
- Sal
- Pimienta negra

Elaboración:

- Cortar las carcasas y dorarlas en una cazuela con un poco de aceite de oliva. En cuanto empiecen a tomar color, añadir la escalonia, el medio puerro y el tomate, picados.
- Dejar sudar para que pierdan parte del agua y tomen color y mojarlas con el vino blanco. Reducir el líquido a una cuarta parte.
- Añadir caldo de ave hasta cubrir los huesos y dejar hervir el conjunto a fuego lento durante una hora y media, procurando que no se evapore todo el líquido.
- Colar y reducir a una tercera parte o hasta que adquiera consistencia de salsa. Salpimentar y añadir una cucharada sopera de mantequilla. Emulsionar con un batidor de varillas para darle mayor untuosidad.
- Salpimentar las supremas de pichón sin deshuesar. Dorarlas en aceite y mantequilla con las hojas de salvia. Dejar reposar y retirar los huesos.

Terminación:

- Cortar las flores de calabacín, lavarlas en agua y secarlas con un paño limpio.
- Cortar los calabacines por la mitad, salpimentarlos y saltearlos con mantequilla.
- Cortar las supremas por la mitad y sazonarlas con los cristales de sal.
- Las flores de calabacín pueden servirse crudas, aliñadas con aceite y sal, o podemos saltearlas brevemente.
- Servir con la salsa de pichón aparte.

VIEIRA ASADA CON JUGO CREMOSO DE BOLETUS Y TRUFA, de Toño Pérez (Atrio)

Ingredientes:

- 4 vieiras grandes
- Jugo de carne
- Para el jugo cremoso de boletus:
  - 1 l de leche
  - 800 g de boletus
  - 200 g de chalotas
  - Aceite de oliva
  - Pimienta
  - Sal
  - Lecitina de soja
- Para el puré de trufa:
  - 4 patatas
  - 2 trufas
  - Mantequilla
  - Aceite de oliva
  - Pimienta
  - Sal

Elaboración:

- Jugo cremoso de boletus:
  - Sofreimos en mantequilla la chalota picada. Añadimos los boletus troceados, reservando dos, y sofreimos. Añadimos la leche y cocer a fuego lento 20 minutos. Trituramos, la pasamos por el chino y salpimentamos.
  - Añadimos un poco de lecitina de soja y la volvemos a batir. Así conseguiremos que resulte como una espuma.
  - Laminamos los hongos reservados y los pochamos en aceite de oliva. Reservar.
- Puré de trufa:
  - Cocemos las patatas en agua con sal. Pelamos y troceamos. Ligamos con un poco de mantequilla y otro poquito de aceite. Finalmente, rallamos la trufa por encima.

- Vieiras:
  - Abrimos las vieiras y separamos el músculo del coral. Marcamos a la plancha por las dos caras con un poco de aceite.

Terminación:

- Disponemos el puré de trufa y la vieira encima.
- Colocamos al lado un poco del aire de boletus.
- Junto al aire de boletus, disponemos las láminas de boletus.
- Terminamos con un poco de jugo de carne.

KARIM DE PISTACHO, CAVIAR Y MANZANA VERDE, de Paco Morales (Noor)

Ingredientes:

- Para el *karim* de pistacho:
  - 130 g de miga de pan
  - 85 g de aceite de girasol
  - 3 g de ajo crudo sin germen
  - 150 g de leche entera
  - 125 g de pistacho entero
  - 22 g de vinagre de vino blanco
  - 280 g de agua mineral
  - 4 g de sal fina
- Para el pan negro:
  - 160 g de harina de fuerza
  - 2,5 g de sal
  - 1 g de laca negra
  - 85 g de agua
  - 2,5 g de levadura
  - 15 g de aceite de girasol
  - 0,25 g de polvo de chile habanero
- Para la manzana con polvo de pan negro y chiles:
  - 1 manzana Granny Smith
  - 50 g de polvo del pan negro del paso anterior

- Para las moras de caviar de arenques:
  - 100 g de caviar de arenques
- Para el praliné de pistacho:
  - 145 g de agua
  - 300 g de pasta de pistacho
  - 0,8 g de emulsionante
- Para el helado de pistacho:
  - 175 g de leche entera
  - 60 g de yema
  - 20 g de azúcar lustrado
  - 75 g de pasta de pistacho
  - 2 g de procrema
  - 1 g de agar-agar
- Otros:
  - Sal Maldon

Elaboración:

- Para el *karim* de pistacho:

  - En el vaso americano, introducir todos lo ingredientes a máxima velocidad durante 12 minutos. Luego pasar por colador fino y rectificar de sal.

  - Reservar en cámara filmado a 4 °C. Intentar dejar el mayor tiempo posible para que repose.

- Para el pan negro:

  - Mezclar la levadura con el agua templada. Esta no debe superar los 30 °C. Poner en la amasadora la harina. Ir vertiendo poco a poco el líquido sobre la harina hasta que absorba todo el líquido.

  - Añadir el aceite de girasol y mezclar hasta obtener una masa homogénea. Dejar reposar 10 minutos a temperatura ambiente y filmada. Estirar la masa con 1,5 cm de grosor entre dos papeles sulfurizados.

  - Hornear a 180 ° C durante 25 minutos. Debe quedar muy crujiente. Dejar enfriar y triturar en vaso americano durante 5 minutos. Pasar por colador muy fino para obtener los polvos. Reservar en lugar seco.

- Para la manzana con polvo de pan negro y chiles:

  - Cortar la manzana Granny Smith en cortafiambres al número 8. Sacar cuadrados de 1 cm × 1 cm y 0,6 cm de grosor.

  - Introducir los dados de manzana en el polvo de pan negro del paso anterior (secar estos previamente) y remover con movimientos circulares dentro de un bol. Pasar los dados de manzana por un tamiz y repetir esta operación dos veces.

  - Colocarlos en una Gastronorm sin amontonar y abatir filmados a -18 °C. Conservar congelados para el pase.

- Para las moras de caviar de arenques:

  - Rellenar el molde de minisemiesfera pequeño con la ayuda de una espátula. Congelar en abatidor.

  - Sacar desde el molde y reservar en un túper en el congelador.

- Para el praliné de pistachos:

  - Poner el agua y el emulsionante en una jarra y disolver hasta que no queden grumos. Debe estar bien disuelto, ya que si no la emulsión quedará blanda.

  - Añadir ahora la pasta de pistacho poco a poco hasta que resulte una pasta homogénea. Meterlo en manga.

  - Para el servicio lo introduciremos en biberón. Reservar.

- Para el helado de pistacho:

  - Preparar un baño maría. Hervir una parte de la leche con el procrema y el agar-agar. Una vez que hierva, añadir la parte restante de la leche y atemperar. El procrema y el agar-agar deben hervir bien.

  - Una vez esté atemperada la mezcla anterior, preparar una crema inglesa en el baño maría con la yema de huevo, el azúcar lustrado y la mezcla anterior. Llevar a 63 ºC y, una vez lo tengamos, retirar del baño.

  - Añadir ahora la pasta de pistacho a la mezcla anterior y triturar en vaso americano. Colar. Dejar enfriar y mantecar a la hora del pase.

Terminación:

- Pesar 30 g de *karim* y ponerlo en el centro del plato con la ayuda de un molde de 10 centímetros. Mover el plato para que el *karim* esté totalmente extendido bien en el molde.

- Con el biberón lleno del praliné de pistacho, rodeamos el molde donde está el *karim*.

- Poner seis cubitos de manzana.

- Disponer las moras de caviar de arenques en forma de triángulo con las puntas hacia abajo en el centro del *karim* dejando un espacio para la *quenelle* del helado. Terminar poniendo siete moras entre manzana y manzana.

- Por último, disponer la *quenelle* del helado de pistacho en el centro del plato y, encima de esta, un poco de sal Maldon.

TACOS DE ESPALDA DE CORDERO DESHUESADA, BULGUR CON MENTA Y PUDIN DE PASAS, de Carme Ruscalleda (Sant Pau)

Ingredientes:

- Para el cordero:
  - 700 g de espalda de cordero
  - 3 lonchas de tocino
  - 50 g de uvas pasas blancas
  - 400 g de cebolla
  - 1 diente de ajo
  - 1 hoja de laurel
  - 10 g de vinagre de jerez
  - 3 granos de pimienta negra
  - 35 g de aceite de oliva
  - Pimienta negra molida (c/n)
  - Sal (c/n)
  - 100 ml de jerez dulce
  - Agua (c/n)

- Para el aliño:
  - 10 g de sal
  - 3 g de pimienta
  - 1 huevo
  - 25 g de pan bañado en leche
- Polvo de menta:
  - 25 g de menta fresca en hojas
- Pudin de pasas:
  - 2 huevos
  - 15 g de miel
  - 25 g de azúcar
- 65 g de puré de uvas pasas
- 40 g de almendras trituradas crudas
- 3,5 cl de agua mineral
- 15 g de harina
- 2 g de impulsor
- Otros:
  - 6 hojas de menta
  - Aceite de oliva (c/n)
  - 50 g de granos de bulgur
  - Sal (c/n)
  - Pimienta (c/n)

Elaboración:

- Para el cordero:
  - Deshuesar la espalda de cordero, envolverla en las lonchas de tocino espolvoreadas con uvas pasas, salar, agregar la pimienta recién molida, bridar y soasar en una olla.
  - Cuando la carne esté dorada, retirar y rehogar la cebolla picada en *brunoise,* junto con el ajo, el laurel, y la pimienta. Desglasar con el vinagre de jerez.
  - Incorporar el cordero, cubrir con agua y hervir. Desespumar y cocer durante 2 horas con sal.
  - Retirar el cordero y recoger el jugo. Triturar y tamizar el jugo, reservar la mitad del mismo y la otra mitad reducirla a glasa.
  - Cortar la espalda del cordero en cuatro raciones.
- Para el polvo de menta:
  - Secar las hojas en deshidratadora y rallarlas sobre colador para obtener el polvo.
- Para el pudin de pasas:
  - Mezclar las yemas, la miel y 10 g de azúcar.
  - Aparte, batir las claras, agregar 15 g de azúcar y montar.
  - Triturar el puré de uvas pasas, almendras y agua.
  - Tamizar la harina con la levadura y mezclar las cuatro preparaciones, vertiendo en un molde, cubrir con film transparente y hornear durante una hora en horno de vapor a 90 ºC.

- Dejar enfriar y cortar en rectángulos de 2 × 4 cm.

- Freír, salar y secar las hojas de menta en deshidratadora.

Terminación:

• Saltear el bulgur en una sartén con aceite de oliva.

• Planchar los rectángulos de pudin con un poco de aceite, sal y pimienta. Calentarlos durante un minuto en horno de vapor, pasarlos por el polvo de menta y cubrir con los granos de bulgur.

• Emplatar el pudin; a su lado, una cucharada de la glasa y sobre ella, un taco de cordero regenerado a 120 °C durante 8 minutos.

• Pincelar con el jugo y decorar con las hojas de menta.

CALDERETA DE PESCADO DE ROCA EN SUSPENSIÓN, de Pedro Martino (Pedro Martino)

Ingredientes:

• 1 cebolla

• 1 puerro

• 2 dientes de ajo

• 1 dl de aceite de oliva

• 12 gambas arroceras

• 6 nécoras

• 1 l de *fumet* de pescado a base de maragota (durdo)

• 1 dl de *brandy*

• 1 dl de jerez

• 1 dl de cava

• ½ dl de *whisky*

• Pimentón

• 25 g de chocolate

• Almidón para ligar

• 50 g de maragota (durdo)

• 50 g de calamar

• 50 g de lapas (*llámparas*)

• 4 gambas

• Jengibre y lima

• Hinojo

• Tomate seco

• 1 *calçot*

• 25 g de alga *wakame*

• Sal

• 4 láminas de obulato

Elaboración:

• Preparar el *fumet* de pescado con la maragota.

• Cortar la cebolla, el puerro y el ajo en *brunoise*, rehogarlo en aceite.

• Añadir al fondo de hortalizas las gambas arroceras salteadas junto con las nécoras cortadas y flambeadas.

- Añadir el *brandy,* el jerez, el cava y el *whisky,* dejando reducir (sin flambear). Reducir y añadir sobre ellos el *fumet* de pescado concentrado. Añadir el pimentón, y dejar cocer.

- Una vez reducido, colar, ligar con almidón y poner al punto de sal. Terminar con chocolate para darle color.

- Preparar daditos de maragota, escalfar.

- Cortar el calamar en crudo, en tiras.

- Escaldar las lapas *(llámparas).*

- Macerar durante 1 hora, cuatro gambas peladas en jengibre rallado y zumo de lima.

- Macerar 4 horas pescado en taquitos en aceite, hinojo y tomate seco picado.

- Asar y cortar el *calçot* en juliana.

Terminación:

- Disponer una copa de cristal del tamaño del obulato. Mojar su borde, y disponer sobre él las láminas de obulato.

- Sobre ellas, el calamar en tiras, el pescado macerado, la gamba macerada, las lapas, la juliana de *calçot* y el alga *wakame.*

- Disponer la copa sobre el plato, con el fondo de americana o caldereta servido en vasito.

- Al momento del pase, sobre el obulato se sirve el fondo de pescados o de caldereta, cociéndose al instante. (Opcionalmente, sobre el obulato, se pueden disponer también huevas de erizos de mar).

1.12. Su repercusión en la industria hostelera

Dejando a un lado la propia influencia de la cocina de autor en los últimos años, la de los propios practicantes de esta, su influencia ha sido clara en varios aspectos, que en algunos casos se obtiene de la *nouvelle cuisine* y de la cocina de fusión:

- El aligeramiento de las elaboraciones y presentaciones.

- La apuesta por nuevos productos y condimentos.

- La aplicación de las nuevas tecnologías y las aportaciones de la ciencia a la cocina.

- Presentaciones y puesta en escena de las elaboraciones innovadoras.
- Oferta de nuevas propuestas gastronómicas.
- Apuesta por el producto local y de proximidad.
- Actualización de la cocina tradicional de cada zona geográfica.
- Apuesta por el producto de temporada.

1.13. El mercado y sus productos. Nuevos productos introducidos en nuestros mercados en la última década

Desde los apartados anteriores se han explicado las técnicas y nuevos productos introducidos en la cocina actual gracias a la cocina de autor: flores, nuevos espesantes o texturizantes, lecitina, CO_2, etcétera.

Sin embargo, el entorno de la cocina de autor no se reduce únicamente a estos aspectos, sino que durante los últimos años, en nuestros mercados han aparecido diversos productos y condimentos, hasta entonces desconocidos, que a día de hoy son casi esenciales en la despensa de cualquier cocinero:

ALGAS MARINAS

El empleo de algas marinas en la cocina actual está creciendo exponencialmente gracias a las nuevas generaciones de cocineros, a la globalización de la cocina, a su aprovechamiento dietético, y a la aparición de nuevas industrias y canales de distribución.

El uso de las algas ha sido tradicional en la industria alimentaria en el cuajado de postres lácteos, helados, medicamentos, etc. Es así como empezamos a familiarizarnos con nombres como el agar-agar o el alginato.

Su uso como propio alimento en cocina estaba extendido en países como Japón, Chile, Islandia, Gales, etc., y su introducción en la cocina actual se produjo a partir de la cocina vegetariana y la influencia de la cocina japonesa (donde son un elemento fundamental).

Podemos clasificar las distintas algas en tres grupos, dependiendo de su color:

• Algas marrones:

— *Kombu:* no se trata de una sola especie de alga, sino que incluye un subgrupo de algas pardas. De nombre japonés, destaca por su gran aporte de minerales, concretamente es una de las algas más ricas en yodo.

Se utiliza deshidratada en caldos, sopas, etc., añadiendo un par de ramitas con el resto de verduras. Es también ideal añadida durante la cocción de legumbres, con unos 30 minutos aproximados de tiempo de cocción.

Precisa unos 45 minutos de remojo para su uso (frita, hervida o guisada como acompañamiento de pescados, carnes, arroz, etcétera).

— *Wakame:* alga parda, de nombre japonés, su aspecto deshidratada es muy similar a las algas *kombu,* aunque es más fina y verdosa tras el remojo. Es el alga más usada en occidente por su suave sabor. Nutricionalmente, como todas las demás algas pardas, es rica en minerales, oligoelementos y vitaminas.

El *wakame* puede utilizarse en gran variedad de elaboraciones, tanto deshidratada como tras su remojo. Se suele tostar al horno y pulverizarla para añadir a cualquier cocción con líquido como fondos de pescado, caldos cortos, salsas, sopas y cremas.

Necesita unos 15 minutos de hidratación y unos 10-15 minutos de cocción.

— *Arame:* de delicado sabor y textura blanda. Seca, forma pequeñas ramitas negras que se vuelven marrón-amarillento tras la hidratación. Durante la cocción se vuelven a ennegrecer.

La *arame* es más blanda, dulce y suave de sabor, y una de las algas más aceptadas por el gusto occidental.

Se utiliza cruda tras su remojo en ensaladas. También permite el uso cocinada con hortalizas y legumbres.

Necesita una hidratación de 15 minutos y unos 10-15 minutos de cocción.

— *Hiziki:* alga con pequeñas ramas, tras el remojo se parece a los fideos negros. Es parecida al *arame,* aunque esta resulta más crujiente y dispone de un sabor más característico. Su sabor es a agua de mar, siendo una de las algas con más sabor, por lo que se usa en pequeñas cantidades para realzar el sabor de algunos platos, fondos, sopas, cremas y salsas. Su fuerte sabor se aprecia incluso en crudo, ya sea en ensalada o combinada con legumbres frías. Se prepara también guisada, en sopas, salteada junto a otras hortalizas, y en revueltos, junto con gambas y pulpo. Necesita 20 minutos de remojo y otros 20 de cocción.

— *Spaghetti* de mar: de color amarillo, su nombre proviene de ser un alga que forma cintas de unos 2 cm de ancho. Es un alga desconocida en oriente y cada vez más usada en Europa. Su textura es carnosa, pero suave al paladar.

En cocina es muy versátil: se utiliza cruda, en ensaladas o como acompañamiento y guarnición de pescados y mariscos. Cocinada, necesita 30 minutos de cocción (tras otros 30 de hidratación), y complementa platos de arroz y legumbres. También puede freírse, rebozada, o como parte de un sofrito.

• Algas rojas:

— *Nori:* de las más conocidas y usadas en la cocina oriental. De color rojo o púrpura, tiene un tono oscuro deshidrata que cambia durante la cocción a tonos más verdes. Se puede encontrar deshidratada en trozos, aunque se suele vender en finas láminas secas similares al papel, ya tostadas y preparadas para platos de cocina oriental (*sushi* y para enrollar bolas de arroz frío). Su sabor recuerda al del pescado azul. Es rica en proteínas, minerales y vitaminas.

Suele consumirse tostada, picándola bien fina para espolvorear los copos, añadiéndose a salsas, fondos, caldos cortos, cremas y sopas. También puede rehidratarse, y ser consumida cruda en ensaladas o en platos de verduras.

Necesita unos 20 minutos de hidratación y otros 20 minutos de cocción.

— *Dulse:* tiene un color rojizo y se caracteriza por su suavidad y textura fina. Es una de las más tradicionales en occidente. Es el alga con mayor porcentaje en hierro. Solo necesita 5-10 minutos de hidratación, lo que la hace perfecta para su uso en crudo o en la elaboración de salsas y fondos.

También puede hervirse para la elaboración de sopas, o cocerse o escaldarse como acompañamiento de pescados y mariscos. Su tiempo de cocción es de 5 minutos.

- Algas verde-azuladas:

  — Lechuga de mar: es un alga con hojas que le dan un aspecto muy parecido al de la lechuga. Crece en todo el mundo, con especies autóctonas en Europa, lo que ha incrementado su uso alimentario en los últimos años. De textura flexible y sabor pronunciado, que recuerda al de los mariscos. Rica en minerales, vitaminas y clorofila.

  Generalmente se encuentra deshidratada. Se consume en crudo, en ensaladas, revueltos y salteados, y como guarnición de pescados y mariscos tras una hidratación de 5 minutos. Puede utilizarse deshidratada, pudiendo añadirse directamente a fondos para la elaboración de caldos cortos, sopas y salsas.

  — Clorela: su característica principal es la de ser el alimento conocido más rico en clorofila, con unos 30 g por cada kilo de algas. Además, es la planta con mayor porcentaje de proteína. Suele utilizarse como elemento principal en salteados y revueltos, aunque su uso es más raro.

DERIVADOS DE ALGAS

Las algas pueden utilizarse en la alimentación de forma directa, pero también podemos encontrarlas, tratadas, asociadas a usos industriales, como es el caso del agar-agar.

Se trata de un extracto que se obtiene de varias algas, fundamentalmente de algas rojas. Se considera una gelatina vegetal, siendo un conocido gelificante y conservante en confituras de frutas, hortalizas, golosinas y conservas.

Es insípido y de textura gelatinosa; en cocina se utiliza como espesante tras hervirlo unos 8 minutos, fundamentalmente en flanes, cremas, salsas frías, ensaladas, para espesar sopas o potajes y como base de gelatinas de frutas.

LAS ALGAS EN COCINA

Para su uso en cocina, ya sean las naturales, las comercializadas en conserva o las deshidratas, las algas deben seguir una serie de normas de preparación o de preelaboración:

- Si contienen arena o demasiada sal, deben lavarse con agua fría.

- Todas las algas comercializadas deshidratadas necesitan un tiempo de hidratación de unos 20 minutos como norma general. La hidratación provoca un aumento de hasta 7 veces su volumen en seco.

- Una vez remojadas, las algas verdes pueden ser cortadas en tiras.

- El *kombu* necesita un mínimo de 45 minutos de remojo y 30 minutos de cocción. Se suele utilizar el agua del hidratado para cocinar legumbres y elaborar caldos cortos o *fumets,* sopas y salsas.

- Las *hijiki* se utilizan en pequeñas cantidades por su fuerte sabor. Se preparan guisadas, en sopas, budines, etc. Se hidratan 30 minutos y tardan otros tantos en cocerse. Una vez cocinadas, no es aconsejable recalentarlas.

- El *wakame* se utiliza en gran número de platos, pero su principal aplicación es en sopas. Tarda unos 15 minutos en hidratarse y de 5 a 15 minutos en cocerse, pero también se puede comer cruda en ensaladas.

- La *nori* no necesita tiempo de remojo pues se suele consumir seca. Se puede freír, como elemento de decoración. Su principal uso se encuentra en la cocina japonesa.

- El agar-agar se utiliza fundamentalmente en: flanes, cremas, salsas frías, ensaladas, para espesar sopas o potajes y como base de gelatinas de frutas.

ACEITES

Se revalorizan los aceites de oliva vírgenes, se experimenta con otros como los de nuez o pepita de uva, y se utilizan aceites de sabor neutro para realizar aceites compuestos:

- Aceites compuestos por infusión: por confitado de ciertos géneros en el aceite (aceite de crustáceos, de vainilla, de naranja, etcétera).

> • Aceites compuestos por maceración: aceites de hierbas aromáticas (de orégano, de tomillo, de romero, etcétera).

SALES

Dentro de las sales utilizadas en cocina de autor podemos distinguir entre varios tipos. Son utilizadas, aparte de su acción como elemento sazonador, como elemento que aporta algún tipo de contraste en cuanto a textura (sal en escamas), como en sabor (sales compuestas). Entre sus variantes más conocidas nos encontramos con:

• Sal en escamas o Maldon: de forma piramidal o en escamas por cristalización, de textura crujiente, se utiliza para condimentar elaboraciones de carnes o pescados, generalmente a la plancha, al final de su realización.

• Sal rosa del Himalaya: sal en grano grande, presentada en ocasiones en molinillo, de color rosado y llamativo, se utiliza como condimento y decoración en elaboraciones de pescados blancos.

• Sal negra: como en el caso anterior, se trata de una sal de color negro, procedente de los países nórdicos, utilizada como condimento en elaboraciones de pescados blancos a la plancha, ya que se aprovecha la capacidad de contraste.

• Sales compuestas: se trata de sales aromatizadas a base de líquidos, de los que toman color y sabor. El proceso consiste en humedecer con el líquido que se va a emplear, y secar después la sal para que esta tome el color y sabor de este. Así nos encontramos con:

> • Sal de cítricos: humedeciendo la sal con zumos de cítricos y secándola después en microondas u horno.
>
> • Sal de vino o de oporto: humedeciendo la sal con estos líquidos y repitiendo el proceso de secado.
>
> • Sal de especias (*curry,* pimienta, etc.): mediante la mezcla de la sal con estas.

CONDIMENTOS Y FRUTAS

Una de las principales características de la cocina de autor es el uso de condimentos foráneos como son los distintos tipos de *curry,* especias o mezclas, e ingredientes saborizantes. Se trata sin duda de una de las mayores aportaciones de la cocina de fusión:

- Condimentos específicos derivados de la fermentación de la soja como el *jang* coreano.

- Salsas de soja y derivadas.

- Vinos de arroz como el sake y el *mirin*.

- *Currys* variados.

- Mezclas de especias.

- *Haba tonka,* pimientas fermentadas, etcétera.

- Frutas exóticas como mango, maracuyá, carambola, etc., y hortalizas de origen americano, como la yuca, asiático o africano.

GERMINADOS Y MICROVEGETALES

Los germinados y/o microvegetales son indispensables en la cocina de autor y cada vez son más valorados y solicitados por el público que acude a este tipo de establecimientos.

El mercado actualmente está limitado a unas pocas variedades, de las que algunas son mezclas, como el *sakura mix.*

Los germinados se suelen presentar, o bien en pequeñas macetas con una base de celulosa, material que permite mayor higiene, o bien envasados en bandejas de plástico, una vez recolectados.

Estas plantas se pueden mantener en condiciones perfectas de consumo durante unos diez días, siempre que se respeten las condiciones de vida específicas de cada variedad, que debe aparecer indicada en cada recipiente.

Existen hasta veinte variedades distintas que podemos encontrar en toda época del año. Como son las plantas recién germinadas, todas ofrecen una gran delicadeza que contrasta en algunas ocasiones con la intensidad del aroma y sabor que proporcionan.

Los más comunes son los de soja, lenteja, cebolla, lombarda, ajo, alfalfa, mostaza, rúcula, acelga roja y espárrago.

ORO, PLATA Y BRONCE

En los últimos años, el oro, la plata y el bronce (ya sean pulverizados o en espray) están irrumpiendo con fuerza en la gastronomía de alto nivel, interviniendo en la presentación de cuidadas presentaciones culinarias, a las que dan un toque diferenciador y espectacular.

El cocinero italiano Gualtiero Marchesi, uno de los renovadores de la cocina italiana de los años setenta del siglo pasado, creó un *risotto* (de por sí dorado por el uso del azafrán) que adornaba con una fina lámina de oro comestible.

Ni el oro ni la plata ni el bronce aportan sabores al plato; se utilizan sobre todo para embellecer y en algún caso para provocar algún que otro brillo o destello.

En la cocina podemos trabajar con oro, plata y bronce en polvo, en láminas o en espray.

PESCADOS

Dentro de los pescados, se prefieren los de procedencia exótica (gracias a las mejoras de las comunicaciones y los medios de transporte), atendiendo también a las especies autóctonas de menor uso en cocina, como los pescados de roca, ciertos pescados azules como caballa y chicharro, y revalorización del bacalao y sus derivados:

- Atún, caballa, chicharro.
- Bacalao y derivados (cocochas, callos, etcétera).
- Peces exóticos como el pez mantequilla, atún rojo, etcétera.
- Erizos de mar.

CARNES

En los últimos años, podemos encontrar en nuestros mercados carnes exóticas, o al menos desconocidas en la cocina tradicional, como pueden ser las siguientes:

- Canguro: de textura similar a la caza, empleada en elaboraciones a la plancha y guisos.

- Cocodrilo: similar a la carne de pollo, procedente de granjas de cultivo. Se emplea en elaboraciones en plancha y parrilla.

- Ñu, gacela, reno: similares a las carnes de caza, con cocciones largas y lentas en el caso de tejidos ricos en colágeno, o muy cortas (o crudas) en el caso de *carpaccio* y tartar.

MAPA CONCEPTUAL

1.14. Influencia de otras cocinas

Dejando de lado la influencia de la tradición culinaria más reciente de los practicantes de la cocina de autor (*nouvelle cuisine,* cocina fusión, nuevas cocinas, etc.), los seguidores de esta corriente son herederos y contemporáneos de la globalización culinaria. A pesar de la gran diversidad de orígenes de las diferentes tendencias, productos y técnicas de esta globalización, todos esos cocineros beben de fuentes similares, en un movimiento de ida y vuelta.

Al tiempo que los chefs toman productos, técnicas y tendencias de todas partes del mundo, las adaptan al producto local, transformándolo todo de nuevo, reconstruyéndolo y exportándolo, de manera que se produce una multiplicación de la creatividad.

Las mejoras en las comunicaciones, el tránsito de personas y de productos, los medios de comunicación, etc., hacen posible que un joven cocinero se forme en una ciudad, consiga su primer trabajo en otra, realice cursos en el extranjero, y trabaje en establecimientos de calidad especializados en cocina japonesa, china o peruana, al tiempo que él puede obtener toda la variedad de productos específicos de cada cocina en cualquier lugar e, incluso, adaptarlos y fusionarlos con la cocina de su lugar de origen.

Esa disponibilidad, unida a las mejoras en las comunicaciones, produce un aumento del conocimiento y experiencia (tanto en el profesional de la cocina como en el cliente o comensal), que permite tanto el atrevimiento de los cocineros como la curiosidad del público.

Si nos centramos en la aportación de las diferentes cocinas del mundo, dejando de lado la apuesta por la ligereza y los productos frescos de la *nouvelle cuisine* (y su impacto es las nuevas cocinas regionales), la osadía de las mezclas ofrecida por la cocina de fusión y las incursiones en la ciencia de la cocina de la corriente tecnoemocional, las fuentes de estos nuevos creadores son variadas:

- De la culinaria japonesa se toman las presentaciones en pequeños bocados, el minimalismo, el empleo de algas y derivados.

- De la culinaria peruana, las elaboraciones frescas y ligeras, como los ceviches.

- De la culinaria brasileña, frutas amazónicas, tendencias culinarias, etcétera.

- De la culinaria africana, el empleo de frutas, condimentos y esencias.

- De la corriente *slow food* y km 0, el respeto por el producto de proximidad, marcas de calidad y difusión de las diferentes DOP e IGP propias de cada lugar, adaptando la tradición a la modernidad (aligeramiento de técnicas, nuevas presentaciones y revisiones de elaboraciones).

Todas estas tendencias o corrientes culinarias son las más relevantes, pero no las únicas, ya que en nuestros mercados podemos encontrarnos con productos procedentes de todas las partes del mundo, mostrando así la difícil ponderación de las distintas culinarias en la cocina de autor, y precisamente por la velocidad de adaptación, la mezcla y la rápida difusión de las distintas aportaciones.

ACTIVIDADES FINALES

De comprobación

1.1. La cocina fusión tuvo su origen en:

   a) Francia, a partir de los años ochenta del siglo xx.

   b) Francia, a partir de la Revolución Francesa.

   c) Australia.

   d) España, a partir de la aparición de las nuevas cocinas vasca y catalana.

1.2. La gelificación consiste en:

   a) Elaborar espumas a partir de gelatina.

   b) Elaborar helados en microprocesador de congelados.

   c) Texturizar líquidos con ciertas sustancias con capacidad aglutinante.

   d) Ninguna respuesta es correcta.

1.3. El *sous-vide* es:

   a) Un horno que permite la cocción al vacío.

   b) Un microprocesador de congelados.

   c) El nombre comercial de un robot procesador de cocina.

   d) Ninguna respuesta es correcta.

1.4. Las *mousses* calientes en sifón se logran gracias a:

   a) Agar-agar.

   b) Gelatina.

   c) Transglutaminasa.

   d) Lecitina.

1.5. La liofilización se logra mediante:

   a) Secado tradicional.

   b) Secado en deshidratadora.

   c) Congelacíon y vacío.

   d) Todas las respuestas anteriores son correctas.

1.6. El uso más común de la maltodextrina es en:

a) Esferificaciones.

b) Aglutinamiento de carnes y pescados troceados.

c) Como corrector de la acidez en elaboraciones con nitrógeno líquido.

d) Ninguna respuesta es correcta.

1.7. Entre los rasgos distintivos de la cocina de autor se encuentra:

a) La apuesta por nuevos productos y condimentos.

b) La aplicación de las nuevas tecnologías a la cocina.

c) La apuesta por el producto de temporada.

d) Todas las respuestas anteriores son correctas.

1.8. El *slow food* se basa en:

a) Menús más estensos con presentaciones más pequeñas a diferencia del *fast food* y plasmados en el menú degustación.

b) El ceremonial de la cocina japonesa adaptado a la cocina de autor.

c) El empleo de cocciones lentas en elaboraciones de cocina internacional.

d) Ninguna respuesta es correcta.

1.9. Los ceviches tuvieron su origen en la *nouvelle cuisine:*

a) Verdadero.

b) Falso.

1.10. Por deconstrucción entendemos:

a) Crear nuevos platos con ingredientes de otras cocinas del mundo.

b) Recrear platos tradicionales con ingredientes de otras cocinas del mundo.

c) Aplicar texturizantes a partir de algas a los platos tradicionales.

d) Ninguna respuesta es correcta.

De aplicación

1. Define y explica qué es la esferificación y sus distintos tipos aportando ejemplos.

2. Clasifica los distintos fondos utilizados en la cocina de autor.

3. Define y explica en qué consiste la cocción al vacío, aportando ejemplos y resultados esperados.

4. Clasifica los distintos tipos de algas empleadas en cocina, sus derivados y sus usos más habituales.

De ampliación

1. Aporta ejemplos de cocina de km 0 basados en tu ámbito geográfico.

2. Aporta ejemplos de restaurantes o cocineros de tu región o comunidad autónoma que practiquen la cocina creativa o de autor con sus platos más representativos.

Casos prácticos

1. Diseña una oferta de cocina creativa, incluyendo un breve recetario, a partir de la cocina tradicional de tu región o comunidad autónoma.

2. Diseña un pequeño recetario de las distintas culinarias representativas de la cocina fusión.

2. Experimentación y evaluación de resultados

Contenido

En los puntos que vamos a desarrollar a continuación intentaremos explicar la repercusión de este tipo de cocina en la industria hostelera, tras la sistematización de la cocina de autor, su reflexión y aplicación en cada caso.

2.1. Experimentación de modificaciones en cuanto a las técnicas y procedimientos, instrumentos empleados, forma y corte de los géneros, alternativa de ingredientes, combinación de sabores y formas de acabado

En cuanto a la experimentación, los cocineros practicantes de la cocina de autor apuestan por la creatividad, con lo cual sus cocinas se convierten en laboratorios, y sus comedores, prácticamente en salas de cata.

Dejando a un lado las técnicas e instrumentos ya explicados, existen una serie de características comunes:

- Presentación en pequeñas porciones, elección de cortes de pescados y carnes de pequeño tamaño que permitan decorar el plato con varios *coulis* o salsas y elementos decorativos.

- Apuesta por disminuir los tiempos de cocción y el uso de nuevas tecnologías.

- Gusto por los contrastes (crujiente-cremoso, ácido-dulce, mar y montaña), dando lugar a elaboraciones y decoraciones a base de sales, crujientes, empleo de *chutney,* etcétera.

- Adaptación de platos de la cocina tradicional, aligerándolos, modernizándolos o deconstruyéndolos.

- Empleo de formas y superficie de emplatado diferentes a los tradicionales.

- Variación de los tipos y tiempos del servicio.

- Apuesta por la cocina en miniatura o micrococina.

2.2. Justificación y realización de variaciones en la decoración y presentación de elaboraciones culinarias

Existen diferentes factores a tener en cuenta para la presentación y decoración de platos propios de la cocina de autor. Todas ellas deben considerarse en función del tipo de preparación de cada género.

Se ha explicado que el servicio, en este tipo de cocina, se realiza principalmente emplatado, ya que el propio plato se concibe como obra, ya sea como ración, como parte de un menú degustación o como micrococina.

Para presentar y decorar platos de cocina de autor, debemos tener en cuenta, en primer lugar, una serie de factores, como son:

> • La naturaleza y el tipo del género preparado.
>
> • El proceso o técnica de preparación.
>
> • El tipo de servicio empleado.

Teniendo en cuenta esos factores, la presentación y decoración de los distintos platos varía enormemente, desde el propio gusto del cocinero o del establecimiento, pasando por el tipo y color del plato empleado, y por las propias características del género, salsa o guarnición que se van a emplatar.

En cuanto al montaje en fuente y plato, el tipo de servicio difiere en cuanto a la concepción del mismo:

> • En el servicio en fuente (utilizado generalmente en micrococina), el género o géneros principales suelen disponerse agrupando por un lado esos géneros, y a su lado o integrando las guarniciones y las salsas.

- En el caso de que el género se termine o se sirva a la vista del cliente por el personal de sala, la disposición se realiza o bien ofreciendo los géneros por separado, o bien el personal de sala termina la elaboración (salseando, por ejemplo).

- En el servicio en plato, debemos buscar una cierta armonía entre el género principal, las salsas, las guarniciones y las decoraciones. Como ya se ha dicho, los diferentes estilos varían desde la propia elección del plato hasta la composición.

  En este caso, en el mercado encontramos actualmente vajillas ovaladas, cuadradas, rectangulares, en loza de colores e incluso en pizarra.

  Para una elaboración de color claro, podemos utilizar desde platos de colores o, en el caso de que se utilice poca salsa, incluso plato de pizarra. Para las elaboraciones oscuras, las superficies más adecuadas serán soportes de colores claros.

A la hora de realizar ese emplatado, podemos buscar diferentes armonías entre los elementos del plato, variando siempre, claro está, en función del tamaño de la ración, las guarniciones, el empleo o no de salsas, etc. Nos encontramos así con diferentes tipos de emplatados:

- **Emplatado simétrico:** sigue un equilibrio, en el que los géneros se sirven paralelos; tanto dos raciones del género principal que conformen una entera, como género principal y guarnición.

- **Emplatado asimétrico:** la disposición se divide en dos partes asimétricas, una con mayor importancia que la otra. Suele emplearse cuando se da menos importancia a las guarniciones o son de menor tamaño.

- **Emplatado rítmico:** los elementos principales del plato se repiten, intercalando entre ellos géneros secundarios, siguiendo un sentido rítmico. Se emplea sobre todo con géneros de pequeño tamaño o troceados, propios de un menú degustación.

- **Emplatado oblicuo:** sigue líneas transversales respecto al comensal, dando sensación de tridimensionalidad, utilizando generalmente cordones de salsas o aceites aromáticos para aumentar esa sensación.

- **Emplatado en escala:** se dispone el género principal, decorando con géneros secundarios o guarniciones en función de su tamaño, y de manera proporcional.

En función de estos conceptos, podemos realizar diferentes disposiciones en el emplatado:

— **Disposición piramidal:** se juega con las alturas en el plato, dándole altura. Generalmente se dispone la guarnición en el centro del plato, sobre ella el género principal, y se ayuda a crear altura con elementos como diversos crujientes, hojas o tallos.

— **Disposición en cuadrado o rectángulo:** como en el caso anterior, se dispone la guarnición o la salsa en el centro del plato y, sobre ella, el género principal, en cortes cuadrados o rectangulares, o bien ayudados por moldes cuadrados o rectangulares, buscando la armonía.

— **Disposición circular:** similar a la disposición en cuadrado, en este caso para el emplatado pueden utilizarse moldes.

Estas formas de presentación pueden combinarse a veces en el mismo plato, en función de la imaginación y experiencia del cocinero, pero sin perder nunca de vista el sentido estético y no cayendo en el abuso de elementos de decoración.

En el servicio en plato se intenta siempre buscar el volumen en la presentación. En este caso las guarniciones no deben separarse demasiado del género principal, disponiéndolas a su lado o debajo del mismo.

Los principales factores que se deben tener en cuenta para la presentación y decoración de estas elaboraciones son:

- Adecuación de las guarniciones a cada tipo de plato, intentando complementar nutricionalmente la elaboración.

- Emplear, en el caso de las guarniciones, elementos torneados o hermoseados, crujientes, polvos y tierras, etcétera.

- Uso y complemento de géneros con color.

- Uso de las salsas con moderación, en forma de cordones, botones o intentando salsear mínimamente.

- Decoración con *coulis* o aceites (de perejil, de pimentón, etcétera).

Debe prestarse especial atención a la vajilla empleada, ya que en la actualidad, podemos encontrarnos en el mercado con:

- Vajilla japonesa: cuadrada o rectangular, adecuada para géneros de pequeño tamaño.

- Cucharillas: para pequeñas porciones de ensaladas y ensaladillas.

- Platos de pizarra: adecuados en la presentación de elaboraciones con salsas a base de yema o mucho color (verde, rojo, etcétera).

- Platos trincheros o de presentación blancos: ideales para la presentación de elaboraciones de color oscuro.

- Copas o vasitos de cristal: adecuados para la presentación de cremas de color.

- Nuevos diseños ideados por los chefs, e incluso nuevos materiales.

ADORNOS Y ACOMPAÑAMIENTOS MÁS REPRESENTATIVOS EN ESTOS PLATOS

- **Para ensaladas y ensaladillas**: julianas y moldeados de hortalizas (pimientos), flores de calabacín, tomate y zanahoria, germinados y microbrotes, microvegetales, etcétera.

- **Para elaboraciones de cremas**: frutos secos, crujientes, espumas, aceites compuestos, cebollino, perifollo, etcétera.

- **Para elaboraciones de arroces:** generalmente, en el caso de los arroces, sobre todo los cremosos y *risottos,* el mejor método es moldearlos con aro y disponer sobre la base de arroz una parte del género principal.

- Guarniciones:

  — De arroz: secos, melosos, salteados, pilaf, etc. Generalmente utilizadas en elaboraciones que empleen salsas, y en algunos casos complementados con elementos sabóricos que den personalidad al propio plato.

  — Hortalizas al vapor o al vacío: generalmente adecuadas para pescados y mariscos a la plancha.

  — Patatas en todas sus formas: espumas, purés, cristal de patata, etcétera.

- Jugos y *coulis:*

  — Aceites aromáticos: aceites compuestos que complementen y den sabor al género principal, al tiempo que proporcionan color al plato (de pimentón, de perejil, de marisco, etcétera).

  — *Coulis:* reducciones de purés de frutas u hortalizas, salsas o jugos, dispuestos en forma lineal con ayuda de biberones, como en el caso anterior complementan el sabor del plato y lo decoran al tiempo.

- Crujientes:

  — De hortalizas y frutas: crujiente de puerro, boniato, hojas de espinaca, manzana, etc. Generalmente se disponen en las presentaciones en altura y dan color al plato. Se suelen elaborar mediante fritura, secado o deshidratado.

  — De pieles de pescado: se suelen elaborar mediante secado en horno a 80 ºC, entre láminas de silicona. Es un proceso adecuado con pieles de pescados como el bacalao, la lubina, etcétera.

  — Otros: crujientes elaborados a partir de masas estiradas y horneadas entre láminas de silicona. Estas masas suelen estar complementadas con elementos saborizantes.

- Pulverizados y sales:

  — Elementos tostados o fritos y triturados: suele emplearse con cabezas de crustáceos. Complementan el sabor y dan color a la elaboración.

  — Sales: generalmente suelen realizarse con escamas de sal. Estas escamas se humedecen con líquidos, zumos o especias, absorbiendo su sabor y color (sal de vino, de *curry,* de cítricos, etcétera).

- **Hierbas aromáticas, especias, brotes, germinados, frutas, etcétera:**

  — Hierbas aromáticas: enteras o no, como cebollino, menta, eneldo, etc. Pueden emplearse picadas o secas, como el perejil.

  — Especias: espolvoreadas sobre el género o transmitidas mediante aceites aromáticos.

  — Frutas: generalmente cítricos, como naranja, limón, frutas exóticas, etc. Torneados, en rodajas, o bien utilizando ralladura de la piel.

2.3. Análisis, control y valoración de resultados

Una de las principales aportaciones de la cocina de autor al mundo de la restauración es la sistematización, análisis y control de los resultados experimentados en cocina.

Se trata, sin duda, de un camino de ida y vuelta basado en las nuevas normativas de control y mantenimiento de la calidad, que ayudan al tiempo a sistematizar el trabajo y a lograr unos estándares permanentes que asienten toda esa experimentación bajo un canon establecido.

Es por esta razón que los cocineros que participan en esta tendencia crean, al tiempo que recogen las diferentes respuestas de los géneros, sus resultados, para establecer una norma dentro de la creatividad y establecer códigos y recetas.

Generalmente estos cocineros realizan esa labor junto a su equipo, ofreciendo los resultados bajo el modelo de «sugerencias», y recogiendo después la opinión, tanto de los clientes como de su propio equipo, sopesando pros y contras y valorando la idoneidad de las distintas preparaciones.

2.4. Aplicación de métodos de evaluación del grado de satisfacción de consumidores de nuevas elaboraciones culinarias

Entre los métodos de evaluación que permiten al restaurador obtener información sobre las propuestas de su establecimiento, nos encontramos con diversos métodos, tanto internos como externos; podemos englobarlos en:

- Encuestas de satisfacción ofrecidas por el propio establecimiento o requeridas por organismos, entidades o auditorías externas especializadas en calidad: Q de calidad, SICTED u organizaciones de empresarios.

- Blogs y foros de Internet, a cargo de blogueros especialistas en gastronomía, foros y webs de cocina y valoración de restaurantes.

- Revistas y publicaciones en papel o en formato digital.

- Guías, recomendaciones o reconocimientos de restaurantes.

- Valoraciones y críticas en las nuevas plataformas digitales por parte de los clientes (Facebook, X, Instagram, etcétera).

2.5. Justificación de ofertas comerciales de los nuevos resultados obtenidos

Dentro del concepto de cocina de autor conviven varias filosofías de trabajo y de negocio, así surgen, en función del tipo de cocina realizado, dos tipos de establecimiento:

- El restaurante de autor: donde el chef realiza su actividad a partir de una carta y un menú degustación que refleje su concepción de la cocina.

- El gastrobar: similar al restaurante de autor, pero basado en la concepción de la minicocina o la tapa.

Sin embargo, la actividad de los nuevos cocineros no se limita a la actividad en el restaurante, sino que son o se rodean de:

- Asesores de I+D en empresas y agrupaciones agroalimentarias.

- Creadores de opinión y difusores de las nuevas técnicas en encuentros, congresos y ferias gastronómicas.

- Difusores y representantes del producto local de cada zona geográfica.

- Nutricionistas.

- Fotógrafos gastronómicos.

Para finalizar, es adecuado resaltar la aportación que en muchos casos está realizando la cocina de autor a las distintas cocinas autóctonas, revalorizando productos y elaboraciones tradicionales y apoyando a las distintas marcas de calidad.

ACTIVIDADES FINALES

De comprobación

2.1. En la presentación y decoración de platos en cocina creativa y de autor influye:

a) La ubicación del restaurante.

b) El tipo de servicio empleado.

c) El número del personal de sala.

d) El número del personal de cocina.

2.2. Los cocineros más representativos de cocina creativa y de autor se rodean, actualmente, de:

a) Fotógrafos gastronómicos.

b) Nutricionistas.

c) Asesores de I+D.

d) Todas las respuestas anteriores son correctas.

2.3. En el servicio de emplatado siempre se busca la decoración con crujientes:

a) Verdadero.

b) Falso.

2.4. La cocina de autor busca explorar vías nuevas intentando distanciarse de la cocina tradicional y el producto autóctono:

a) Verdadero.

b) Falso.

2.5. En el emplatado asimétrico:

a) Se busca que el servicio de sala tenga menos difcultad en su montaje final en sala.

b) Se le da más importancia a un elemento del plato que a otro.

c) Se disponen las salsas o *coulis* en forma de línea.

d) Se disponen siempre elaboraciones de minicocina.

De aplicación

1. Explica cuáles son las guarniciones y decoraciones más habituales en cocina creativa y de autor.

2. Explica cuáles son los soportes de vajilla más adecuados (y más utilizados) para la presentación de elaboraciones de cocina creativa.

De ampliación

Aporta ejemplos de publicaciones, blogs, guías o páginas web de cocina creativa o de autor de tu ámbito geográfico clasificándolos en categorías y especialidades.

Caso práctico

Diseña, con fotografías de elaboraciones de tu creación, la oferta gastronómica de un restaurante de cocina creativa o de autor empleando *coulis* o salsas, crujientes y otras decoraciones de tendencia actual.

Glosario

A

- **Al punto:** cuando un género o una elaboración alcanzan su grado óptimo de cocción o de sazonamiento.

- **Abatir:** bajar rápidamente la temperatura de un género, líquido o sólido o elaboración culinaria en un tipo de refrigerador adaptado al uso, conocido como abatidor de temperatura.

- **Acanalar:** realizar estrías en ciertas hortalizas y frutas como calabacines, pepinos, naranjas o limones para su posterior empleo como decoración.

- **Aderezar:** sazonar con diferentes condimentos y especias un género para ponerlo a punto para su elaboración.

- **Adobar:** introducir un género en una mezcla de especias y condimentos para cambiar su sabor, sazonarlo y/o prolongar su vida útil.

- **Agitar:** remover una mezcla de ingredientes para que mantenga su homogeneidad.

- **Aire:** emulsión ligera a base de lecitina y otros, de baja estabilidad.

- **Albúmina:** proteína vegetal de la clara de huevo que participa en la elaboración de espumas.

- **Alginatos:** gelificantes extraídos de las algas pardas empleados como coaguladores o como elementos básicos en esferificaciones.

- **Aligerar:** dar mayor fluidez a preparaciones como las salsas o cremas.

- **Aliñar:** sazonar con elementos ácidos y grasos preparaciones frías como ensaladas.

- **Almidones:** polisacáridos obtenidos de alimentos vegetales que poseen propiedades espesantes o gelificantes.

- **Aromatizar:** añadir especias y/o condimentos a una preparación.

- **Asar:** cocinar un género en plancha, parilla u horno con una adición mínima de grasa.

B

- **Batir:** remover fuertemente con varillas o maquinaria precisa una preparación.

- **Blanquear:** hervir un género desde frío hasta el hervor del líquido, retirándolo, para ablandarlo o eliminar olores y/o sabores no deseados.

- **Bresear:** cocinar un género a baja temperatura y durante largo tiempo en compañía de hortalizas, líquido y condimentos.

C

- **Carragenatos:** polisacáridos obtenidos de las algas rojas empleados como espesantes, gelificantes y emulsionantes.

- **Cincelar:** realizar pequeños cortes sobre la piel de un pescado para su posterior cocción en horno o en plancha.

- **Clarificar:** dar mayor limpidez a un fondo para transformarlo en un consomé o una gelatina.

- **Cloruro de calcio:** sal de calcio empleada en la esferificación.

- **Cocer:** transformar por acción del calor las cualidades organolépticas de los alimentos.

- **Cocer al baño maría:** cocer una elaboración en un recipiente introducido en otro con agua hirviendo para que no llegue a ebullición.

- **Cocer al vapor:** cocinar en un entorno húmedo (vaporera u horno de vapor) alimentos ricos en humedad propiciando la cocción con su propio agua.

- **Cocer al vacío:** cocinar un género o una preparación en ausencia de oxígeno mediante horno de vapor o baño maría.

- **Cocer a la sal:** cocinar un género rico en humedad cubierto totalmente de sal gruesa.

- **Cocer en papillote:** cocer un alimento, con o sin guarnición o bresa en una bolsa de papel sulfurizado o de aluminio en horno bajo calor seco.

- **Colar:** tamizar una preparación líquida o semilíquida por colador o estameña.

- *Concassée:* término referido al corte en *brunoise* del tomate.

- **Condimentar:** sazonar un género.

- **Confitar:** cocer en grasa un género a baja temperatura.

D

- **Decorar:** hermosear una preparación para su servicio.

- **Desalar:** eliminar el exceso de sal de un género mediante su introducción en agua.

- **Desangrar:** en hortalizas, significa añadirles sal para que pierdan su humedad. El desangrado en las carnes supone la inmersión en agua muy fría para que pierdan el exceso de sangre.

- **Desbarasar:** volver a poner a punto el área de trabajo tras finalizar la terea o el servicio.

- **Desecar o deshidratar:** eliminar la humedad de un género mediante la acción del calor.

- **Desescamar:** retirar las escamas del pescado.

- **Desglasar:** añadir un líquido a la placa donde se haya asado un alimento para recuperar el jugo o glasa para su posterior utilización.

- **Desgrasar:** retirar la grasa de una elaboración culinaria.

- **Deshuesar:** separar, con ayuda de útiles cortantes, los huesos de la carne.

- **Dorar:** someter a calor un género para favorecer su tostado exterior.

E

- **Empanar:** crear una superficie que resulte crujiente tras la fritura en un género mediante su introducción en pan rallado, o bien su inmersión en harina, huevo y pan rallado.

- **Emparrillar:** cocción de los alimentos sobre parrilla a temperatura alta para evitar la pérdida de jugos.

- **Emplatar:** disponer sobre platos o fuentes los alimentos o distintas elaboraciones para su pase al comensal.

- **Emulsionar:** se refiere a la adición de burbujas de aire en grasas y/o huevo mediante el batido para provocar su aumento de volumen (en salsas, principalmente).

- **Engrasar:** untar un molde con grasa para evitar la adherencia de los alimentos durante su cocción.

- **Enharinar:** pasar un género por harina para su cocinado posterior.

- **Escaldar:** introducir un género en agua hirviendo durante poco tiempo para ablandarlo y/o eliminar olores y sabores no deseados.

- **Escalfar:** cocer un género en un líquido a temperatura media-alta.

- **Escalopar:** cortar lonchas de un género en grosor medio-fino.

- **Esferificar:** técnica que consiste en encapsular líquidos en esferas gelatinosas mediante gelificantes.

- **Espuma:** emulsión estable de líquidos por adicción de gas y otros agentes.

- **Espumar:** retirar las impurezas de preparaciones líquidas como fondos, salsas, sopas, etcétera.

- **Estofar:** cocinar en recipiente tapado y a fuego lento un género junto con hortalizas para que se haga en su jugo.

F

- **Filetear:** cortar un género en lonchas finas y largas.

- **Flambear:** añadir un líquido alcohólico a una preparación caliente para que arda y se elimine el alcohol.

- **Fondear:** cubrir con grasa o láminas de grasa la parte baja de un recipiente sobre la que se dispondrá el género para su cocinado.

- **Freír:** introducir un género en grasa caliente para su cocinado, debiendo resultar dorado y crujiente.

G

- **Glasear:** dorar la superficie de un alimento en horno o salamandra. También se refiere a la cocción en glasa de un alimento.

- **Gratinar:** dorar la superficie de un alimento en horno o salamandra para que la superficie se dore y adquiera una textura crujiente (con ayuda de ciertas salsas, queso y pan rallado).

- **Guarnecer:** acompañar una elaboración con preparaciones menores que la complementen que toman el nombre de guarnición.

H

- **Hermosear:** retirar los elementos que no necesitemos de un género para su preparación, como pieles, hojas y tallos, huesos y espinas, etcétera.

- **Hervir:** cocer un género en líquido a punto de ebullición.

L

- **Lecitina:** grasa empleada en la elaboración de espumas y aires.

- **Levantar:** hervir una preparación líquida para su desespumado y conservación.

- **Ligar:** espesar una preparación líquida mediante elementos de ligazón.

- **Liofilización:** proceso de conservación de un alimento mediante congelación y deshidratación.

M

- **Macerar:** remojar en alcoholes, aceites, especias y/o condimentos ciertos alimentos para su preparación posterior.

- **Marcar:** preparar los procesos previos a la elaboración de un plato antes de finalizar su cocción.

- **Marchar:** comenzar la preparación de una determinada elaboración.

- **Marinar:** macerar carnes o pescados en diferentes alcoholes, hortalizas de condimentación, condimentos y/o especias para alterar su sabor o ablandarlos.

- **Mojar:** añadir líquido a una elaboración para su cocinado.

- *Mousse:* emulsión estable obtenida por agentes gelificantes, grasas, almidones o albúmina.

N

- **Napar:** salsear un género cocinado o no con una salsa de cierto espesor.

P

- **Perfumar:** dar aroma a una preparación.

- **Picar:** introducir grasa superficialmente en una carne. Cortar géneros de forma fina.

- **Pochar:** cocer un género en grasa a fuego lento para favorecer su ablandado.

R

- **Racionar:** fraccionar un género para su elaboración o la misma para su servicio.

- **Rallar:** obtener pequeñas fracciones de un género mediante un rallador.

- **Rebozar:** enharinar y pasar por huevo batido un género para su posterior fritura.

- **Rectificar:** poner a punto para el servicio el sazonamiento de un plato o su terminación idónea.

- **Reducir:** obtener un mayor espesor o sabor de una salsa mediante la evaporación.

- **Reforzar:** añadir ciertas preparaciones a una elaboración para hacer más intenso su sabor.

- **Refrescar:** enfriar un género sometido a una preparación en medio líquido.

- **Rehogar:** cocinar en poca grasa y a fuego lento ciertas hortalizas para ablandarlas y que adquieran cierto tono de tostado.

- **Risolar:** dorar superficialmente un género en grasa.

S

- **Salar:** salmuerizar un género o poner al punto de sal una elaboración.

- **Salsear:** cubrir con salsa una elaboración

- **Saltear:** cocinar géneros pequeños o porciones de ellos con poca grasa y a fuego vivo para dorarlos rápidamente y que resulten jugosos en su interior.

- **Sazonar:** condimentar un género antes de su elaboración.

- **Sofreír:** dorar ligeramente ciertas hortalizas en grasa.

- **Sudar:** hacer salir la humedad de los alimentos mediante cocciones lentas.

- **Sufratar:** napar un alimento con una salsa que cree una capa sobre el mismo.

T

- **Templar:** bajar la temperatura de una preparación.

- **Tornear:** dar forma con el cuchillo a ciertas hortalizas para su preparación (patatas, zanahorias, champiñones, etcétera).

- **Trabar:** espesar o ligar preparaciones líquidas mediante elementos de ligazón.

- **Trinchar:** cortar para su servicio los géneros ya cocinados.

- **Triturar:** machacar frutas u hortalizas para la elaboración de purés o preparaciones de cremas para su posterior refinado. Suele realizarse con maquinaria específica.

Bibliografía

— Adrià, Albert; Soler, Juli, y Adrià, Ferrán. *Cómo funciona El Bulli: las ideas, los métodos y la creatividad de Ferrán Adrià.* Phaidon Press Limited, 2010.

— Adrià, Albert; Soler, Juli, y Adrià, Ferrán. *El Bulli: 2005.* RBA, 2006.

— Adrià, Albert; Soler, Juli, y Adrià, Ferrán. *El Bulli: 1994-1997.* RBA, 2002.

— Adrià, Albert; Soler, Juli, y Adrià, Ferrán. *El Bulli: 1998-2002.* RBA, 2003.

— Aduriz, Andoni Luis. *Mugaritz.* RBA, 2012.

— Andrews, Colman. *Reinventar la cocina: un viaje incesante por la gastronomía.* Phaidon Press Limited, 2011

— Arzak, Juan María. *Arzak: secretos.* Bainet Media, 2009.

— Arzak, Juan María. *Asfalto culinario: el laboratorio de Arzak.* Everest, 2005.

— Arzak, Juan María. *Las recetas de Arzak.* El País/Santillana 1998.

— Berasategui, Martín. *Kursaal Martín Berasategui: una selección de grandes recetas.* Imagen MAB, 2005.

— Berasategui, Martín; Jorge, David de; Aduriz, Andoni Luis, *et al. El mercado en el plato.* Lur Argitaletxea, 1998.

— Bocuse, Paul. *La cocina del mercado.* Ediciones Destino, 2003.

— Botella, Tony. *Cocinar al vacío.* AKAL 2010.

— Bras, Michel. *La cocina esencial.* Éditions du Rouergue, 2008.

— Chamorro Santiago. *Cocina de autor.* Sesos Creación Visual, 2010.

— Departamento de Hostelería del IES Valle de Aller. *Micrococina y cocina de autor en el IES Valle de Aller, 2012.* Ed. IES Valle de Aller, 2012.

— Fernández, Carmen. *Cocina molecular y de fusión.* Editorial LIBSA, 2018.

— Lana, Benjamín, y Manzano, Nacho. *Casa Marcial. La cocina de Nacho Manzano.* Editorial Plantea, 2016.

— McGee, Harold. *La cocina y los alimentos.* Editorial Debate, 2007.

— Meldonesi, Alessandra, y Noto, Bob. *Grandes chefs de España.* Susaeta, 2013.

— Negri, Nicoletta. *Un toque étnico, la cocina fusión.* Mondadori, 2004.

— Pérez Conesa, Joaquín. *El libro del saber culinario.* Alianza Editorial, 2009.

— Peterson, James. *La cocina esencial.* Könemann, 2000.

— Roncero, Paco. *Tapas en la gastronomía del siglo xxi.* Editorial Everest, 2006.

— Roux, Michel. *Salsas.* Editorial Elfos, 2006.

— Ruscalleda, Carme. *La cocina mediterránea de Carme Ruscalleda.* Salsa Books, 2007.

— Santamaria, Santi. *El mundo culinario de Santi Santamaria.* Edicions Cadi, 2002.

— Santamaria, Santi. *La cocina de Santi Santamaria.* Edicions Cadi, 1999.

— Santamaria, Santi. *La cocina es bella.* Everest, 2003.

— Subijana, Pedro. *Akelarre.* Everest, 2011.

— This, Hervé, y Gagnaire, Pierre. *La cocina es amor, arte, técnica.* Editorial Acribia, 2006.

— This, Hervé. *Cacerolas y tubos de ensayo.* Editorial Acribia, 2005.

— This, Hervé. *Los secretos de los pucheros.* Editorial Acribia, 1996.

— This, Hervé. *Tratado elemental de cocina.* Editorial Acribia, 2005.

— Vázquez Montalbán, Manuel. *La cocina de autor: Secretos y recetas de los mejores artistas de los fogones*. Ediciones B, 2002.

— VV. AA. *Nueva cocina catalana: de la tradición a la innovación.* Tomos 1, 2 y 3, Buffet & Ambigú, 2006.

— VV. AA. *El jamón ibérico en la gastronomía del siglo xxi.* Editorial Everest, 2006.